U0019371

金秀顯——著

不勉強自己，
把日子過成喜歡的樣子

決心找到平衡

其實，人際關係對我來說不是太大的困擾，

不單只是因為其他煩惱占滿了我的人生，

也因為我對「關係」頗有自信。

我有自信能建立真誠的關係，

也有自信能在關係中進退自如，不令自己感到吃力，

只是，那份自信卻開始出現了裂痕。

我全然信賴的關係，

對方的想法卻與我背道而馳，

原本以為我很擅於和心打交道，

但新萌芽的戀愛卻澈底暴露了我的小心眼。

我做錯了什麼？我錯過了什麼？

我好想盡早解決這個問題，

回到對關係信心十足的狀態，

但越是如此，關係就越顯得棘手。

後來我才領悟到，

「對關係充滿自信」本身就是問題所在。

我既無從得知對方隱藏的心思，

我習以為常的行為舉止，對某人來說可能是一種無禮，

再說了，我的人格也不可能毫無缺陷。

承認這件事，令人渾身不自在又悲哀。

但沒人能對人際關係有十足的把握，

我也同樣是在失去對關係的自信後，

才更留心關切對方的心情，

沉著地回頭檢視自己的行為，

對他人也變得更寬容一些。

我並沒有找回對關係的自信，

取而代之的是，承認自己不能對它自信滿滿。

那麼，想要懷抱著不完美生活下去，就必須找到平衡。

我與關係之間的平衡，

信賴與不信賴之間的平衡，

邊界與容許值之間的平衡，

一個人的孤單與關係的煎熬之間的平衡，

為了在無數的瞬間找到平衡，避免坍塌，

就必須更游刃有餘、更堅韌不移。

這是一本關於關係的書，也是關於平衡的書，

更是長時間學習內心與關係的一切，

思考如何建立關係、表現內心、如何愛對方的成果。

儘管我對關係依舊沒有自信，

但至少不再那麼處心積慮，也變得從容不迫一些。

但願曾被他人的判斷與評價所傷的你能獲得平靜，

用更像自己的方式建立關係。

為了不遺失人生中最重要的東西。

目 次

第一章

不被左右，堅定不移

守護自尊心

不處心積慮，安適自在

做自己

第三章

不輕易抓狂，鄭重以對

和他人相處

第五章

不一味忍耐，以圓融的態度

用言語表達內心

第六章

揮別冷淡，溫柔一些

學習如何去愛

不被左右，堅定不移

守護自尊心

不漂亮又怎麼樣？
不特別又怎麼樣？

你的存在本身即是完美，
我們的人生也依然珍貴。

幸福也能認證嗎？

我去了最近很熱門的餐廳，

餐廳主打的是當刀鋒劃過時，蛋液就會瞬間流出的神奇蛋包飯。

服務生很親切地告知了要拍影片的時間點，

我一方面覺得好玩，一方面也覺得最近的食物

原來不單只是用來吃而已。

仔細想想，熱門的玩意都有個共同點，就是適合拍照。

看起來很適合分享和獲得認證的食物、

看起來很棒的人脈、看起來很美好的模樣，

比好東西更重要的，是看起來很棒的東西。

這些宛如幸福的證據般充斥著社交網站，

我比較著自己和他人的樣子，心中很不是滋味，

然後也很自然地，努力想讓自己看起來過得還不錯。

可是啊，

某些餐廳的餐點看似美味可口，卻一點都不好吃；

某些關係看似美好，彼此卻是貌合神離；

某些表情看上去很開心，其實內心卻疲憊不堪。

看起來美好很容易，但真正的美好又是另一個問題，

照片中看似美好的模樣，並不能證明他們就是幸福的。

當然啦，想分享、記錄日常點滴的心情沒有任何問題，

但只顧著拍照，卻無法正視相機鏡頭另一端的生活，

或者覺得未經修圖的日常生活顯得寒酸，

這，不是有些悲哀嗎？

為了證明幸福，

我們至今是否浪費了過多的心思和時間？

比起在他人眼中看起來美好，更重要的，

難道不是對我有益處、對我的內心有幫助的東西嗎？

與其追求刻意扮演的幸福，

我們應該追求的，

是即便簡樸，但至少符合我的口味的食物；

是即便寒酸，也能舒服休息的空間；

是即便微小，但能真心以對的關係；

是即便平凡，卻真正幸福的瞬間。

就算在他人眼中不美好也沒關係，

因為你，

要比觀眾更重要。

+

人的價值，

是根據那人認為重要的東西所決定的。

人的心，
沒這麼容易一眼就看穿。

不有趣也沒關係

即便我是個相當爽朗大方的人，

剛加入新團體時，也容易怕生。

在初次打照面時展現怕生的樣子，

導致大家以為我本來就很文靜話少，

而參加聚會的我，也認為必須維持這種形象，

所以一直感到渾身不自在。

經過不斷地努力，現在情況不同了，

但如果要我向為了怕生而苦惱的人傳授祕訣，

我會說是「刻意假裝不緊張」。

我會想像初次見面的情景，練習打招呼，

前往陌生的場合前，

也會告訴自己要消除緊張，舉手投足要有自信。

練習假裝不緊張，時間久了，自己的舉止就會越來越自然，

也就能改掉怕生的症頭了。（登登）

可是，有人卻說，他親身實踐後，

周圍的人卻說他是在強顏歡笑，

讓人很不自在。

究竟是哪裡不同呢？

怕生，是因為碰到陌生情況會不自覺地退縮、緊張，

所以無法呈現自己本來的面貌，

因此好比上台報告和面試，

只要勤加練習，實力就會大幅增長般，

靠消除緊張的社會化訓練就能改善。

但如果這個人本來就很沉著安靜，卻強迫自己假裝開朗，

等於是用其他的面貌偽裝自己，

就算使出渾身解數去扮演，

無論是我或對方，都會感到不舒服。

首次有機會在大眾面前演講時，

我也同樣很苦惱該怎麼做，於是觀摩了明星講師的演講，

因為講師妙語如珠、趣味橫生，

所以我心想：「啊，我也應該如法炮製。」

可是假裝風趣的我卻一點都不自然，

總覺得哪裡很彆扭，

直到後來偶然聽到其他作家演講，

這位作家雖然從頭到尾都很認真，也完全沒有令人發笑的話題，

卻帶給許多聽眾深刻的共鳴。

那時我才恍然大悟，

「啊，不是所有演講者都需要搞笑。」

「原來並沒有人期待要在聽我演講時捧腹大笑。」

仔細想想，如果聽到復學的學長姊說出連珠炮的流行語，

那該有多尷尬啊？

當父母使用火星文時，又有多令人驚慌失措？

從那之後，我就不再處心積慮，

而是傾注全力去傳達能帶來撫慰和共鳴的故事，

並尋找屬於我自己的方式。

結果，我的演講變得更平心靜氣、流暢自然，

現場氣氛也更和諧了。

我們經常會希望自己成為幽默風趣的人，

但愛一個人的理由，並不是只有幽默風趣，

有人能帶來溫暖的安慰，

有人善於傾聽，

有人總是笑得很開懷，

有人始終如一地陪伴在身旁。

就算不用裝成其他人，

也有無數個愛你的理由，

因此別用其他面具偽裝自己，

而要消除緊張，對關係表露真心，

展現怡然自得的樣子，

這就是建立真誠關係的起點。

當你做自己時，是最讓人喜愛的。

怡然自得地，做你自己就好。

只要你盡情敲鑼打鼓，時間久了，
想配合你節拍的人，
就會自動靠過來手舞足蹈。
——朴末禮奶奶

夢想的個人取向

幾年前，有一次我讀著部落格的文章，
突然有了「獨自在峇里島生活」這個夢想。
想像自己悠閒自在地冥想、寫作、生活在大自然的畫面，
不覺得很祥和優美嗎？
為了實現長久以來的夢想，我去了峇里島兩週。
峇里島果然就如想像中美好，是個風景非常優美的地方，
但過了一週，我卻開始感到煩悶。

主要是因為我不會開車，
在大眾交通工具並不發達的峇里島上，
我不會騎機車，所以活動範圍很小，
坐在咖啡廳工作久了，
就會無法區分這裡究竟是峇里島，還是我家前面的星巴克。
總是獨自一人的浪漫，也逐漸顯得悲涼。

與我的夢想背道而馳，

我覺得自己就像被流放的丁若鏞[1]，

最後決定承擔損失，比預定時間提早回到韓國。

現在的我，更喜歡結伴出遊的旅行，

最喜歡留下些許遺憾的行程，

至於工作，則在我家附近的讀書室時，做起來最順手。

就像即便待在相同的捷運車廂內，

也會同時有人抱怨「好冷」與「好熱」，

適合所有人的答案並不存在。

有人從漫長的旅程中感受從容，

有人對短暫的旅程中感到興奮，

有人在公司外頭時會緊張，

---

1 丁若鏞（1762－1836），朝鮮實學思想家及詩人。

有人在公司內部獲得安定感，

有人從與他人共度的時光感受到活力，

有人從獨處的時光獲得心靈的祥和。

旅行時、建立人際關係時，以及在人生旅途上，

抵達幸福的方式都各自不同。

因此更重要的，

是透過經驗，發現適合我的生活方式。

別去模仿某人的夢想和某人的喜悅，

而是去了解我的夢想和我的喜悅。

那才是我們能變得

更像自己、更幸福的方法。

+

世界上最美好的，

是了解如何變得像自己。

──蒙田，法國哲學家

仇人的基本設定值

不久前我和朋友看了一部電影，

不僅讓人覺得新鮮，節奏又很緊湊，完全就是我的菜，

不過後來我看網友反應，

十個有八個好評，剩下兩個卻是負評。

我看得非常興致盎然，所以對負評沒有半點共鳴，

甚至心想：「會不會是對打的電影請的工讀生啊？」

不久後，我又去看了另外一部電影，

因為實在太無聊了，所以中途恨不得奪門而出。

我很好奇其他人是怎麼想的，所以就找了影評來看，

這次同樣是十個之中有八個好評，剩下兩個是負評。

即便看的是同一部電影，每個人的感想也都不同，

某種程度的負面評價，就是一定會存在的基本設定值。

人也相同，

我們雖然希望不會被任何人討厭，

但無論是再好的電影、再好的餐廳、再好的音樂，

也不可能人人都喜愛，

無論再怎麼費心想成為好人，

也無法讓所有人都喜歡。

但即便如此也不必太傷心，

就算有人說討厭我，這件事也無損於我的存在，

也依然會有人愛我。

因此，別只專注在對我們造成傷害的聲音，

而是留心傾聽愛我們的人說話吧，

這即是我們對他們的愛的回報。

+

癡心妄想不可能發生的事，

留下的只會是強迫症。

討好自己就夠難了，
沒辦法還去討好妳。

輕鬆看待的技術

被問到「逢年過節時，面對親戚的嘮叨該如何應對？」
這個問題之後，我曾仔細思考過。
為什麼大人們逢年過節就要上演相同的嘮叨戲碼呢？
依我所見，應該是因為沒什麼話題好聊。

過去是以「從經驗獲得人生智慧」至上的年代，
應該怎麼煮菜、應該怎麼耕田、應該怎麼生活，
都是由父母那一輩將智慧傳承給子女，
藉此劃分家中的角色。
可是現在既不需要耕田，
再則遇到不懂的事情，也只要上YouTube
搜尋相關影片找答案就可以解決了。

世界變化得太快，
因此以「想當初我們那個年代啊⋯⋯」為開頭的對話，

聽起來就像是古時候的台詞，

大家難得團聚，卻不曉得該講什麼才好，

一言以蔽之，就是詞窮。

儘管如此，父母跟長輩仍試圖扮演被規定的角色，

所以才只能重複念叨「要趕快找工作啊」、「要趕快結婚啊」、

「要趕快生孩子啊」之類的話題吧？

他們只是想傳達幾句人生建言，

所以當成簡單的問候就好了。

當然，聽到這種話時，可能會打壞心情或覺得很難受，

「要趕快工作賺錢啊」、「要結婚啊」、

「要生小孩啊」、「要懷第二胎啊」等，

這些嘮叨最大的問題，

就是把困難的事說得過於簡單。

難道大家不知道求職有多難，

結婚又有多不容易嗎？以前的人生活圈狹隘，

很多人都是靠媒妁之言結婚，

所以街坊的長輩會出面替年紀相仿的男女牽線，

但現今的年輕人大多分散在都市的各個地方過生活，

如果沒有特別努力，要認識一個人並不容易，

光是想到居高不下的居住費用、撫養費、生活費，

還沒結婚就開始憂心忡忡。

懷孕生子的時間隨著適婚年齡延後，身體狀況變得更加吃力，

在核心家庭為主的社會中，育兒問題破壞了人類的人格與耐心。

在我們父母那一輩，也許親友叫你去做什麼就乖乖聽話照做，

但現在即便是有心，也是力有未逮，

碰到未考慮每個人有難度差異的催促，就會感到自慚形穢。

所以碰到這種問題時，

我就會回答：「求職很難吧？」「結婚很難吧？」

因為有些事本來就是認真做了也不順利，

不然就不會說它們難了。

當然也有些人能迅速俐落地完成困難的事，讓人稱羨，

但平凡如我，就算沒做到，也不算犯下什麼滔天大罪吧？

當然，也有人無法輕鬆視之。

倘若是這樣，就有必要思考一下，

過去是不是太用力想滿足周遭人們的期待。

此時，正是對他人的期待踩下剎車的時候。

放輕鬆吧，

決定權在你手上，

任誰都無法任意評論你，

你的人生，也依然屬於你自己。

+

不分年紀的倚老賣老，

並不是因為那人「提出了問題」，

而是因為他「強迫對方回答」。

正確的話之所以沒用，

要做自我管理啊。

要和大家
好好相處啊。

這些我都知道。

要自我肯定啊。

因為有時候就是會事與願違。

不被胡言亂語動搖

辭掉工作，著手寫書的時候，跟媽媽很熟的朋友說：

「要秀顯清醒點，去公司上班吧。」

聽到這不含關愛的忠告後，雖然心情大受打擊，

但我決定先認真地自我檢討。

一，我很委靡不振嗎？

　　不，當時的我，腦袋是過去幾年最清楚的。

　　只是沒去公司上班而已，生計也是靠我自己在扛，

　　生活也過得比任何時候都用心。

二，我有理由遵照這番話去做嗎？

　　這個嘛，很遺憾，那人並不是我的榜樣。

　　我無意追隨他的人生，

　　也不曾問過對方的意見。

許多人總是太過輕易批判生活方式與自己不同的人，

有時，就連過得不幸福的人，

也會硬將自己的人生套用在他人身上，

而且比這更教人詫異的，

是我們很容易被這種話所傷，心生動搖。

儘管我們能夠透過他人的忠告回顧人生，自我提升，

但忠告也不過是意見罷了，並不是所謂的真理，

因此我們需要合理的懷疑與查證。

那麼，該聽誰的話才好呢？

為了鑑別假新聞和煽動性的話語，

第一個需要確認的是否事有所本，第二是出處。

倘若忠告盡是以偏概全的想法，

是既無根據，也不帶有關愛的干預，

只要你能為自己的人生負責，

那麼不心生動搖也無所謂。

沒有必要把裁判的位置讓給對你的人生不具任何權威，
也不具任何權限的人。

+

不智之人，

碰到自己無法理解的事，就會一味詆毀。

——弗朗索瓦・德・拉羅什福柯，法國思想家

山是山，
水是水。

就讓它左耳進、右耳出吧。

我的人生雖不特別，
但很珍貴

有次演講結束後，一位讀者跑來找我。

長期為低自尊和憂鬱症所苦的她，

說自己聽完後收穫良多，向我打了聲招呼才離去。

但沒多久，她又再度折返，提出了一項請求，

就是問我能不能在她的書上寫「妳已經很美了」。

她確實就像這句話所說的，已經很美了，

替她寫上那句話一點都不困難，

只是，我的話又能維持幾天的有效期限呢？

因為自尊感低而煩惱的她，

大概會透過他人的稱讚和溫暖的目光，

產生彷彿自尊恢復的錯覺，

但要不了多久，她應該會這樣提問道：

「現在呢？我現在看起來怎麼樣？」

自我評價會依據觀者的不同而不斷產生變化，

建基於他人目光的自尊轉眼間就會消失，

最後又會遇見委靡的自己。

那麼，要怎麼做才能填滿低自尊呢？

我短暫任職的公司中，

充滿著年輕有為的人，

有精通五國語言的人，

也有世界知名學者的弟子。

相形之下，我顯得太過平凡，所以總覺得自己很窩囊，

但之所以每次都能穩住陣腳，

原因就在於我會想：「至少我會寫文章」，

現在回想起來覺得有點怪，

當時的我又不是什麼人氣作家，

也沒有在 SNS 上分享文章後深獲好評，

就連我本身，也不覺得自己的才能特別或突出。

但我認為自己的才能很珍貴，

更相信自己身上具有就算不比他人優越，

但也無法拿來比較的東西。

特別的東西與珍貴的東西不同，

就像我們的家人、朋友和戀人之所以珍貴，

並不是因為他們很特別或優越，而是因為我們交付了自己的心，

我也必須先珍惜自己和自己擁有的東西才行，

如此一來，自尊感就會開始逐漸注滿。

大家經常會把自尊感誤以為是「認為自己很特別」，

但自尊感呢，是一種就算自己不特別，

也覺得那樣的自己很珍貴的心態。

它並不是讓我們遺忘現實的麻醉藥，

而是一種踏入現實的安全裝置。

我們現在應該談論真正的自尊感。

雖然我也花了很長的時間才說出這句話，不過，

「不漂亮又怎麼樣？

　不特別又怎麼樣？

你的存在本身即是完美，

我們的人生也依然珍貴。」

+

任何人都會有自卑感、無力感或覺得自慚形穢，

健康的自尊感，

並不是沒有負面想法，

而是不讓自己停留在負面心態太久。

別人無法替你證明你的價值。

人生嘛，就欠點人情吧

我是那種沒辦法忍受欠人情的人，
所以即便是很親近的人，我也幾乎不會拜託他們什麼，
因為與其帶著虧欠的心情，還不如獨自解決來得自在，
而且自己能幫助別人，卻不向他人求助，
這令我問心無愧，也感到自豪。
可是我在公司上班時，曾經出外勤到很晚，
所以搭了其他組前輩的便車。
當時其他同事央求前輩送到家門前，
但我卻因為覺得不好意思，堅持要在附近就下車，
那時前輩對我說：「這樣人家就很難跟妳變熟。」
我原本是抱持著不想添麻煩、欠人情的想法，
對方卻只覺得我很有距離感。

那麼，我究竟為何這麼不能忍受欠人情呢？
其實不欠人情的問心無愧與自豪後頭，

有著無法獲得他人幫助時所衍生的怨恨，

對始終獨自承擔的自我憐憫，

以及對被拒絕的恐懼。

但無論理由是什麼，試圖獨自承擔一切的心態，

只會造成與他人的隔閡，令自己疲憊不堪。

電視劇《山茶花開時》中，

東柏問燦淑能不能替自己照顧一下兒子必九時，

燦淑是這麼說的：

「講這句話有這麼難嗎？

我幫妳照顧必九，妳也才能幫我照顧俊基啊。」

她還說，人與人之間就是要打打鬧鬧、厚臉皮一些，

這樣才會產生感情。

沒錯，要打打鬧鬧才會產生感情，

也要經常拜託別人，這件事才會變簡單。

也許，你就像在陌生島嶼上漂流的魯賓遜般，

長久以來都獨自苦撐著。

假如是這樣，現在就欠點人情吧，

沒有必要獨自扛下一切，

把「成為被你需要的人」的喜悅送給某個人吧。

別害怕向身邊的人伸出手，
能夠抓住對方的手時，
我們的人生會變得更加多采多姿。

不是因為我們脆弱，而是為了變得更加堅韌，
所以我們需要接受幫助的勇氣。

+

發生細微的變化時，
真正的人生才開始。
——托爾斯泰，俄國文豪

試著跨出一步吧。

孤獨由各自承擔

我很討厭「人生終究是一個人」這句話，

因為太諷刺，也太具防備性了，

所以我很想找到能用邏輯反駁「人生終究是一個人」的根據，

證明人生不見得是一個人。

但即便是那樣的我，也不得不承認的是，

任何人都可能在某一刻變成獨自一人的事實。

無論旁邊有沒有人，

躺在床上的瞬間、走路的瞬間、吃飯的瞬間，

我們都會和獨自的瞬間相遇，而感到孤獨與寂寞。

心靈的滲穴，就算加入十五個同好會，

同時與七名對象交往也無法填滿，

但原因並不在於關係毫無用處，

而是因為我們有屬於自己的個人領域，

也就是無法靠關係填補的根本性孤獨。

假如無法接受有個人領域的存在，

就會幻想建立不可能實現的理想關係，

認為人生終究是一個人，

並貶低關係的重要性，譏笑炸雞啤酒比人脈重要，

但正如同無論怎麼攝取脂肪，都無法補充蛋白質般，

由根本性的孤獨引起的空虛與匱乏，

既無法靠與他人的關係來填補，

就算逃離了孤獨，也遲早又會迎頭撞上。

因此，我們要做的，

就是透過關係尋找喜悅，

同時也接受個人領域的存在。

我們必須檢視內在，打造屬於自己的世界，

以及懂得填滿自己的方法。

別說什麼「反正終究是一個人」並顧影自憐，

也別誤以為這是我才有的孤單感受。

我們都同樣公平地

在克服各自的孤獨。

人因孤獨而學會愛，
因學會愛而成長。

第二章

不處心積慮，安適自在

做自己

面對關係無法永久，
不必過於悲傷，或是太早心生恐懼。
就像樹木的樣貌會在季節中不斷變化，但它依然是那棵樹，
河水雖持續流動，但它也依然是那條河。

某人會離去，某人會到來，
而你，也依然是你。

別試圖想成為他人

曾經遇見一個學生，

為了自己實話實說的個性苦惱，

她對遲交小組作業的組員說：

「沒關係，反正成果呈現時，我會把你的名字去掉。」

當教授上課遲到時，

也曾要求：「請您說明為什麼遲到，還有向我們道歉。」

她覺得自己不過就是實話實說罷了，

但求職似乎不太順利，身邊的人也要她改改個性，

因此她開始苦惱，是否真的要改掉自己的個性。

當時我告訴她，如果自己想改，那就改吧，

但我經常會想，有沒有更好的答案。

說真的，在推崇發言一針見解的網路文化中，

當擁有這種性格的人物出現時，都會令人大快人心，

但在現實生活中，卻可能會讓人感到不舒服，

所以能理解為什麼身邊的人會為她擔憂。

就算「教授上課遲到是錯誤的行為」、

「沒有按時繳交小組作業是錯誤的行為」的判斷並沒有錯，

但我們無法在每一刻、每一段關係中追究是非對錯。

教授遲到可能是有不得已的原因，

要求教授在學生面前公開道歉的方式，

可能會讓對方的面子掛不住，而造成傷害，

就算自己具有很明確的信念，

但如果沒辦法觀察他人的情緒，

面對日常小事也採取戰鬥姿態，

就有必要檢視自己的做法。

那麼，果然還是得改掉自己的性格嗎？

如果輕易就能改掉，那就不叫做性格了，

而且性格也很難論究好壞。

在 MBTI 的十六種性格中

有分哪一種是好的，哪一種是壞的性格嗎？

果斷、富有正義感的人，

可能成為正義的使徒，

但就像路上的警官可能會變成惡意逼車的惡人般，

問題不在於性格，而在於表現性格的方式。

她必須學習委婉、體恤對方一些的表達方式。

我們的煩惱大多像這樣，

因為沒辦法拒絕請求，導致自己的事沒辦法開始做，

生氣時會放聲大叫或亂丟物品，

也會因為忍不住一吐為快，導致現場氣氛猶如西伯利亞般寒冷。

碰到這種情況，雖然會很想大刀闊斧地改掉自己的性格，

但自責並不能改變什麼，

而且也不能進入海軍陸戰隊，大喊著要改造大腦。

性格無法改變，也沒必要改，

對這件事一頭熱，只會搞得自己筋疲力竭。

相較之下，我們更需要的，

是察覺自身的行動，更留心自己的小小習慣，

與改變表現的方式。

為了做到這點，我們必須客觀地看待自身的問題，

讓如習慣般僵滯的自動回應裝置停下來。

儘管由於積習已久，我們會需要多反覆練習幾次，

但就讓我們帶著覺察和決心，去尋找更好的方式吧。

別急著給自己貼標籤，

也不必費心成為截然不同的人。

我們都在學習中，

我們也都能做更好的自己。

+

變化，

必須始於對人生的愛，

而不是對自己的羞愧。

別把妳的優點給忘了。

讓他人失望的勇氣

在電視節目《英才發掘團》中，

出現了一個能把小學五年級的題目輕鬆解開的六歲孩子。

這個聰明的孩子，與六歲時最大的願望就是

獨享幼稚園唯一廚房遊戲組的我不同，

他從早到晚都在解題。

可是繼續觀察下去，

就會發現孩子偶爾解不出題目或答案錯誤時，

便顯得非常痛苦，甚至會躲進衣櫥裡。

為了進一步了解孩子痛苦的心情，

精神健康醫學科的醫師盧圭植博士詢問孩子原因，

結果孩子回答，自己必須完成更厲害的事情，獲得大家的認可才行。

接著又說，其實自己並不想要解題，但這樣媽媽就會失望，

說出的同時，忍耐多時的淚水也跟著潰堤。

才六歲的孩子，人生的重量有必要這麼沉重嗎？

聽到這裡，你可能會想，

這個媽媽是不斷強迫孩子解難題的大壞蛋，

但媽媽從來都不曾強迫孩子，

是孩子自動自發去解題的。

大家因此大感訝異，

這時，盧圭植博士說了：

「所以啊，這是一種悲劇。」

　

對語言敏感而靈敏的孩子，

會從他人的言行舉止中解讀其心思。

答對時會聽到稱讚，感受被肯定的喜悅，

但沒答對時，因為沒有聽到稱讚，

孩子就會推測是父母對此感到失望，

並藉由反覆解開有正解的題目，強化了這種認知的公式。

這時，父母的奉獻與犧牲，

會被解讀為「不能讓這麼好的父母失望」，

促使孩子更加拚命。

然而，這種推測可能是誤解和錯覺，也可能是被渲染放大的。

就算是父母要求孩子只能算出正解，

過度的期待也是父母要解決的問題，

而不是孩子要承擔的作業。

儘管如此，孩子卻被無人要求，

或是即便被要求卻無法達到的目標綑綁住，

導致孩子本應該要享受的喜悅和好奇心，

變成了對失敗的羞恥心和恐懼，

這，難道不是一種悲劇嗎？

如果持續保持這種童年時期產生的心態，

長大成人後，悲劇就會延續下去。

唯有做到完美才能得到愛的長期誤解，

會導致他不斷猜測對方的心，束縛自己。

當然了，想讓珍惜的人高興的心並沒有問題，

只是那種心態不能過度，反過來壓抑到自己。

沒有人能完美無缺，因此我們必須鼓起讓他人失望的勇氣。

或許根本沒有人會對你感到失望，

而別人的失望，也不一定是你的責任。

就像我需要有被不重要的人討厭的勇氣般，

有時，在情非得已的情況下，

我也需要讓重要的人失望的勇氣。

不完美沒關係，

就算不是正解也沒關係。

+

沒有人有資格

對竭盡全力的你感到失望。

有一天弟弟説：

「沒有吧？只要你幸福就好了啊。」

預留回頭的力氣

第一次當背包客時，

我曾騎著自行車遊覽土耳其的一個小村莊。

天氣很和煦，我一邊閒逛，一邊與人們打招呼，

把每個巷弄的角落都逛遍的我，覺得好開心、好幸福，

因此帶著「再一會兒、再一會兒」的想法持續前進，

直到某一刻，才赫然驚覺自己騎得太遠。

雪上加霜的是，天色已經暗下來，我迷路了好久，

耗費整整七小時才回到住處。

那時，累得像條狗的我牽著腳踏車踏上歸途，

白天時的開心記憶全數消失，

腦中裝的全是「我好累」的念頭。

再加上屁股很痛，足足吃了三天的苦頭。

後來，我訂下了一項旅行鐵則──

即便現在玩得非常開心，也有餘力能再往前一點，

但一定要預留回程的時間和力氣。

要在自己耗盡力氣前回去，

才不會搞砸美好的時光。

這在關係中也適用。

假如只是短暫交往的人，就算用盡全力也不成問題，

但在長期關係中就需要調整節奏。

假如因為想和對方好好相處，希望獲得認可，

因而對自己的疲乏視而不見，太為難自己，

那麼在某一刻，就會連曾經美好的瞬間都遺忘，

對關係的虛無感和憎恨，會滲入疲憊不堪的心。

就像杯子裝滿水後很容易灑出來般，

如果對關係太過用力，反而容易搞砸。

所以，就算還能多做一些，最好仍為了之後而停下來，

並保持「即使長期下來也不覺得疲累」的狀態。

為了維持良好的關係，

預留折返的力氣吧，

這樣才能走得更久、走得更遠。

所謂的平衡，是還有餘力卻適可而止。

在主流圈以外也沒關係

到小學為止，我都因為非常怕生，所以很難交到朋友。

雖然大人們都會對我說：「要多跟朋友們親近呀。」

但這種話對建立關係一點幫助都沒有。

大人雖是出自好意，

我卻只覺得自己有什麼缺陷，

相較於朋友不多，這種話反而對我的傷害更大，

因為我明明就和朋友們相處得還不錯啊。

所以，我想成為說出：

「就算偶爾沒有和朋友們很親近也無妨」的大人。

人際關係再怎麼重要，

也沒有重要到需要自我懷疑。

在人生中，每個人需要的人際關係的分量各自不同，

根據心理學家舒茨的人際關係三維理論，

關於歸屬感或親密感的需求，每個人之間存在著差異。

有人想和多數人建立關係，

也有人只想和少數人建立關係。

因此，比起無條件和許多人建立關係，

更重要的是理解自身的需求，

尋找適合自己的關係分量。

令人心滿意足的關係，鑰匙並不在於關係的量，而在於質，

好友的數目並不是確認人性的石蕊試紙，

也沒必要因為別人的評價，就以為朋友越多越好。

因此，別對關係的結果感到退縮，

沒有哪一段關係，會比我自己更重要。

+

關係能使人生變得豐富，

但有了自己，關係才會存在。

管他主流不主流，
讓我們變得幸福吧。

善意只到豬肉為止，
天底下沒有白吃的牛肉

我有一個完全不讀我著作的年幼弟弟，

嗯，他好像是說：

「感覺就像窺探家人不可告人的私生活」之類的。

我看他這次也不會讀，所以就放心寫了。

我和弟弟的年紀差距大，加上弟弟還是個學生，

所以我經常會給弟弟零用錢，或買必需品給他，

只是有一天弟弟卻對我說，其實以前覺得很有壓力，

因為我一定會問他：「很感謝我吧？」

感激歸感激，但他也會想：「我又沒跟妳要。」

剛開始聽到這句話時，

我雖然覺得「這就叫做身在福中不知福吧？」

但仔細想想，弟弟還真的從沒跟我要過什麼。

再說了，「很感激我吧？」這句話的背後，

我一定會加上「所以啊，你要好好孝順父母」，

當弟弟不聽話時，

我甚至還會想：「虧我對你那麼好」。

我以為自己釋放善意時別無所求，

但卻在不自覺中加上條件，給弟弟造成了壓力。

我們以愛為由，

時而又以家人為由對某人施予善意，

但這份心意，果真是不求回報的善意嗎？

正如同「善意只到豬肉為止，天底下沒有白吃的牛肉」這句話，

我們會對伴隨犧牲的過度善意賦予理由。

當然了，犧牲並不是什麼壞事，

只不過一旦加上條件，

就會像是免費手機附加的無數條款般，

犧牲可能成為強迫因素，

而且，如同援助與委託有別，加上條件的善心也會變成一種欲望。

假如你因為沒有得到報償而埋怨對方，

把自己幸福的責任轉嫁給對方，

或者試圖從犧牲之中尋求存在感，

就必須停止這種未徵求同意的犧牲。

對方搞不好從一開始就沒有要求，

因此，未加上條件的善意就已經綽綽有餘了。

為了建立愛的關係，而非債務關係，

為了大家著想，

這一刻有必要回頭檢視自己。

+

最大的失誤，

是要求自己變得親切的程度，

超出了自己的能力範圍。

——沃爾特・白芝浩，英國經濟學家

先照顧自己，才能照顧別人

犧牲，是強悍的人能做的事，
而不是善良的人。

關係的黃金比例

知道我的書獲得大眾的喜愛後，我很想請好友們吃飯，

也想替他們做很多事，

可是卻突然開始擔心他們會不會覺得我自以為了不起，

那麼，也許我不應該請他們吃飯，也不要表現出來，

但我又擔心他們會不會想：「妳的書這麼暢銷，怎麼這麼小氣。」

啊，不然我就說，雖然書賣得很好，

但也有很多辛苦之處？

但我又擔心好友們會認為「書都這麼暢銷了，妳還真會裝模作樣」。

聽起來好像我發瘋了，但這些想法

的確在我的腦袋盤旋了好幾個月。

有時碰到關係失敗時，我就會想，

只要努力一點，關係就不會再失敗了。

我不斷反芻自己的錯誤，思考著各種情況，

同時也會擔心對方的內心想法，

但這麼想之後，關係慢慢地就變成了一種負擔。

我不過是想要守護關係罷了，

某一天，我的心卻變得十分渺小寒酸。

儘管我向來強調不能失去自我，

但卻忘記了，因為我忙著擔憂他人的心思，

逐漸失去了自己。

我必須接受，我們終究無法控制他人的心，

以及無論再怎麼努力，關係都不可能十全十美的事實。

世界上存在著無論怎麼努力都合不來的人，

會產生莫名奇妙的誤解，

也會在無意間樹立敵人。

有時就算沒有人做錯事，

關係也會鬧僵。

人際關係本來就沒有完美的答案，

面對沒有答案的問題，卻試圖找到答案，只會讓自己的心生病。

經過長時間的苦惱，我最後找到的最佳辦法，

就是像這樣，吐露這個令我難為情的苦惱，

坦率地傳達希望能保持良好關係的心意，

以及好好珍惜關係，

但接受不可抗力的部分。

可以努力，但只能在不失去自己的範圍內，

這是我所知道的關係黃金比例。

+

靠單向的努力支撐的關係，

必然很快就會倒塌，

屹立不搖的關係，

要靠雙方的努力打造。

可以付出真心，但不要對
關係太過執著。

在我不覺得疲乏的範圍內

過去有一次在書香咖啡廳和幾位讀者對話，

有位讀者說，很討厭在家人面前表現得很自私的自己。

一問之下，她說已婚的姊姊生了孩子，

因為姪子很可愛，加上覺得姊姊很辛苦，

所以她買了很多禮物，也花了很多時間幫姊姊育兒，

可是漸漸的，她發現自己失去了生活，感到疲憊不堪，

所以去找姊姊的次數變少了，

但她認為自己很自私，充滿了罪惡感。

說完之後，大家都露出了「這為什麼叫做自私？」的表情。

我們當然可以幫忙自己所愛的人，

也會有互相分擔痛苦的時刻，

但無論關係再親近，都需要有健康的界線。

如果無法制定與他人的界線，

那麼「自己做得到的事」與

「自己做不到的事」的界線也會跟著模糊，

如果連自己做不到的事情都企圖達成，問題就會變得棘手。

就像有人溺水時，當然應該出手相助，

但不會游泳的人下了水，

反而只會讓情況惡化，

在問題中一起揮舞掙扎，對任何人都沒有幫助。

因此，為了能夠好好地幫助某個人，

需要劃下健康的界線，守護好自己，

並將自己和對方的責任區分開來。

劃界線的行為並不自私，

連最低限度的界線都沒有的關係，

反而會造就憤怒、埋怨與自我憐憫，

過度的責任感也可能會造成對方的依賴。

照顧自己時，其實也能幫助他人的人生，

實際上有研究指出，善於維持自己能量的人，

能對他人和世界做出更多貢獻。

換句話說，即便是為了他人，也必須懂得照顧自己。

因此，別想著要獨自扛起所有責任。

把自己能花費的能量和資源，

依照關係的密度和情況，分配好一人分的責任感，

假如對方也同樣感到吃力，就必須增加自己能夠依靠的對象。

倘若覺得自己有照顧其他人的責任，

卻吝於照顧自己，

那只是對自己的不負責任罷了。

唯有不會感到疲乏，才能守護好自己，

也唯有如此，無論是我或關係，才能變得健康。

如果想要帶給心愛的人力量，

第一個條件是，

不能讓你的人生倒塌。

+

如果不事先決定好適合自己的健康界線，

人們就會無視你的需求。

——歐普拉・溫弗蕾 ，美國脫口秀主持人

能夠彼此依靠的關係，
是最理想的關係。

恢復基本信任

那是我到一所大學演講時發生的事。

演講結束後，舉辦了一場小型簽名會，

有一位學生小聲地說：

「我和朋友們道別之後，回家時覺得好空虛、好孤單。」

我們稍微聊了一下，接著一起來的朋友也小聲地對我說：

「就算和朋友們在一起，還是覺得很孤單。」

這兩人明明是彼此的解決方案，

為什麼卻像島嶼般停滯，苦惱著相同的問題呢？

就算在一起也感到空虛孤單的這些人，

是因為對關係缺乏信任的緣故。

出自本能地對他人產生信賴感，稱為「基本信任」，

如果缺乏這種信任，

就會把他人視為會輕易離開的條件性存在，

在關係中不容易擁有安全感，

也很難分享親密感。

基本信任的破壞有各種原因，

但最大的原因，在於與撫養者的依附關係遭到破壞。

除了虐待、放任、拒絕之外，附帶條件的愛也會破壞基本信任，

這會造成對他人的不信任，

也會懷疑自己是否具備被愛的資格。

獨自處在孤單不安的人，可能會渴望擁有恆久不變的關係，

並尋找第二養育者，

他也可能束縛別人，讓自己未被滿足的愛能獲得補償。

但對他人的信任，並不是發誓要天長地久，

或對完美的關係存有幻想就能恢復。

在關係上追求完美，

只會造成不符合現實的期待，讓對方產生壓力，

以及在失望面前變得更加脆弱罷了。

此時我們需要的，

不是盲目地相信或團結一心，

而是能彼此依靠，

又能維持個體間的相互關係。

如今，我們必須接受關係的變化。

我認為關係猶如一首優美的歌，

平時經常聽的歌曲，時間久了喜好可能會改變，

過去喜愛的歌曲或許會再次喜歡上，

聽到新歌時，也可能會幸福得想掉眼淚。

就好比播放清單隨著時間改變，

但我們始終都會有喜歡的歌曲般，

儘管在我們身邊停留的人會改變，但我們始終都會和某個人在一起。

世界就是這樣，

近看時總是在改變，遠看時卻一成不變。

因此，面對關係無法永久，

不必過度悲傷，或是太早心生恐懼。

就像樹木的樣貌會在季節中不斷變化，但它依然是那棵樹般，

河水雖持續流動，但它也依然是那條河。

某人會離去，某人會到來，

而你，也依然是你。

就像你有多需要某個人，
某個人也會需要你。

忍受日常

大學時代，我去朋友在外面租的房子玩，後來在廁所看到水漬時，

曾吃驚地想：「家中的廁所怎麼會有水漬？」

當時吃驚的原因，不是因為我有多會清理廁所，

而是因為從來沒清過。

這件事之所以發生，

是因為在水漬出現之前，媽媽就已經先清理完畢了。

我住在總是打掃得很乾淨的家中，

穿著洗得乾乾淨淨的衣服，

飯鍋裡也總有米飯可吃。

過了很久我才知道，

在我視為理所當然的日常中，藏著媽媽的辛勞。

為了維持日常生活所付出的努力都屬於這種類型，

雖然是必須耗費時間的無聊苦差事，

但因為表面上看不到太大的變化，所以很容易被忽視，

直到努力中斷的那一刻，

水漬突然冒了出來，髒衣服累積了一堆，

地板上可以踩的地方也不見了，

假如什麼都不做，生活空間就會隨即變得亂七八糟。

生活就像是做家事，

為了生活下去，我們必須不間斷地照顧日常。

有些人要忍受著疲倦的早晨去上班，

有些人必須撐過艱辛的一天，

還有些人要照顧家人、提供孩子生活。

假如說自己什麼都沒做到，

也許那是太小看「活下來」這件事了。

生活就像是站在浪頭上，

光是能夠支撐著不摔跤，

就需要大量的努力和力氣。

就算沒有達成了不起的成就，

就算看起來只是靜靜地站著，

疲憊不堪的瞬間與力不從心的情緒，

即是用盡全力守護生活的證明。

所以，我很喜歡「辛苦了」這句平凡的問候，

我想獻上自己能給予的所有重量，

對始終努力不讓自己倒下的你說這麼一句：

「過往的每一刻，都是你最棒的成就，

　為了生活，你費了好大的力氣，

　而你做得非常好。

　真的辛苦你了。」

平凡的日子其實很耀眼，
世界要比想像中更溫暖，
善良的人也依然存在，

你確實把人生過得很棒。

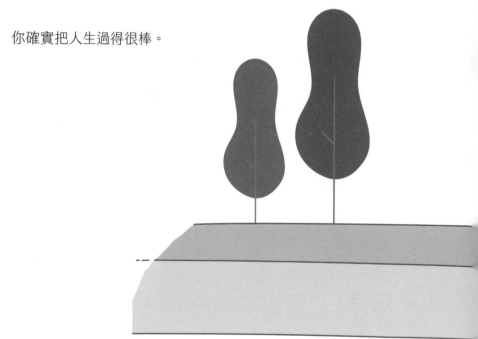

第三章

不輕易抓狂，鄭重以對

和他人相處

假如有段時間，必須在相同的路上
和蠻不講理的駕駛同行，
那麼只要保持安全距離，就能防止事故發生。

因此，讓我們退讓一步吧，
我們可以鄭重地對待所有人，
但不被任何人操縱。

對微瘋子寬容

這輩子活到現在，最令我後悔的事情之一，

就是憎恨某個人。

一旦有了討厭的念頭，我就沒辦法隱藏，

但事過境遷，我才發現，

為了瑣碎小事憎恨某人，不僅讓對方痛苦，

對我來說也是一種勞動。

在人與人之間畫小圈圈、消耗彼此的心，

沒能化解或道歉就結束的關係，停留在心中久久不去。

所以現在我會盡可能不去想某人很討厭。

既然我是個很難隱藏心思的人，

那從一開始就盡可能保留自己的憎恨。

試著活得像隻和平鴿之後，發現生活要輕鬆容易多了。

既不必追著八卦跑，

也不必去在意討厭之人的舉手投足。

這種人生有多輕盈啊？

當然啦，就算如此下定決心，

還是會有覺得某人很討厭的時候。

這時我就會回想新聞的社會版，

只要去想那些需要召喚撒旦或高僧恩澤的罪犯，

就會覺得，偶爾能看到他們內心打什麼主意的自私之人、

有輕微病態說謊症狀的人或無禮的人，倒也情有可原。

應該說，我是有了「這種人不就是隨處可見的微瘋子嗎？」

的從容與慈悲心嗎？

歹年冬，厚肖郎，

我們畢竟無法去憎恨所有遇到的瘋子。

因此，就不要用憎恨來浪費自己的心了吧。

給日常生活的微瘋子一點慈悲，

也給你自己一點和平。

瘋子的質量守恆，
我對某人來說，
也是個瘋子。

好人與冤大頭的差異

連續劇常見的戲碼，

就是善良堅強的女主角

與貪得無厭、厚顏無恥又謊話連篇的惡女對決。

惡女說出各種謊言，使出刁蠻的無賴行徑，

但受到侮辱的女主角卻一再饒恕惡女，給她機會。

然而既沒機會遇見富三代，也沒有失散的有錢親生父母，

現實生活中的甜姐兒，是否也能過上幸福快樂的生活？

沃頓商學院的組織心理學教授格蘭特

曾在《給予》[1] 一書中解釋互惠原則。

每個人給予對方或想從對方接收的量皆有差異，

接收的比自己給予的多，

格蘭特稱這種人為「索取者」（taker），

接收多少就給予多少，

1　《給予：華頓商學院最啟發人心的一堂課》《Give and Take》，亞當·格蘭特
　　（Adam Grant）著。

給予多少也接收多少的人為「互利者」（matcher），

而為他人的利益著想，

無條件先付出的是給予者（giver）。

根據研究，

在成功的梯子最底下，生活最貧困的是給予者。

他們會為了幫助他人而無法顧及自己，導致生產力低落，

或者被視為好欺負而遭到利用，

相較於索取者，他們成為詐欺等犯罪受害者的風險也高達兩倍，

他們付出了一切，卻搞砸了人生。

但有趣的是，最成功的人士也往往是給予者。

在良好的聲譽與社會基礎上，

給予者能使成功極大化、加速化，

加上其他人也樂於見到給予者出人頭地，

因此這些人的成功具有持續性。

那麼，這些成功的好人型給予者有什麼不同呢？

就是他們不會和索取者往來，

也不會忘了要照顧自己。

冤大頭型的給予者很難照顧自己，

即使對方是索取者，他仍會延續關係，讓自己燃燒殆盡。

相反的，好人型給予者雖然也會不分對象地先付出，

但他會與一味索求、毫無回報的索取者保持距離。

如此一來，身邊就只會留下互利者和給予者，

在這個框架下，互惠的關係得以成立，

相輔相成的機會也隨之增加。

人們總擔心，要是活得太善良就會吃虧，

但付出的行為本身，並不會決定人生是成功或是失敗。

吃虧，並不是因為善良，

而是因為對任何人都善良所致。

當然，我們不能急著斷定某人是索取者，

也無法時時刻刻分析彼此關係的收支狀況，

但不能因為榨取關係持續久了，

就做出「果然人就是不能太善良」的錯誤結論。

一起走過的時光很噁，
我們就別再見了吧，

掰了，索取者！

世界並不是只有善良的人生活的迪士尼世界，

但也不是充斥壞蛋的哥譚市，

我們需要的，不是過度的防備心，也不是盲目的利他心態，

而是同時看待世界的光明與黑暗的力量，

以及能過濾索取者的眼光罷了。

這並不是為了避免自己的東西被奪走，

而是為了能盡情當個好人，

因此，當榨取關係持續久了，就與對方保持距離吧。

讓對方認為能遇見你是一種幸運，

不過，這件事只開放給具有那種資格的人。

+

「真實」必須投資在真實的人身上。

儘管我們透過結下緣分而獲得幫助，

但也遭受了不相上下的傷害，

而多數的傷害，都是因為把真實

傾注在缺乏真實的人身上所付出的代價。

——法頂法師

以為知道
對方在想什麼的錯覺

我在網路上讀到一篇文章，

作者說自己在咖啡廳打工，

可是有位客人打翻了飲料，所以作者拿了抹布去擦地板，

結果客人問：

「你是故意讓我感到內疚，所以才用手擦吧？」

說真的，假如對方存心要用扭曲的視角看待，

我們根本就束手無策。

自以為知道對方在想什麼，當然是一種腦補，也就是錯覺，

假如真的有解讀對方內心的超能力，

就應該發揮那種能力，

到國政院或 FBI 去當特務員才對。

這種荒謬的惡毒心態要比想像中更常見，

像我在學生時代，就曾經在很荒唐的情況下和朋友疏遠。

當時我因為某個問題對朋友感到很失望，

不過那並不是什麼大事，加上彼此都很熟，

所以我想，只要過兩天講開就好了。

但在那之後，朋友卻以為我討厭他，

所以開始躲我，對我產生了芥蒂。

這種情況持續久了，我也對那位朋友有了負面情緒，

到最後兩人的關係完全鬧僵。

即便現在回想起來，還是覺得很難理解。

這種事情究竟為什麼會發生呢？

這是因為過去所經歷的拒絕、冷落、壓抑等令人不快的事，

導致我們認定對方表現出敵對的行為，

當這種偏見生了根，

就會預測對方出現拒絕反應，

自己也跟著做出情緒性或防禦性的反應，

那麼，就算沒有和朋友疏遠的念頭，

也會像兩人早已疏遠般，腦中的推測變成現實，

而「果然，我早知道是這樣」的認定則造成了惡性循環。

所以認知理論才會解釋，在憤怒或關係中產生的矛盾，

最終會造就精神方面的幻象。

〈正確的問法〉

充滿肯定的問法會製造衝突，
充滿擔憂的問法，
能帶來解決問題的線索。

以為知道對方在想什麼的錯覺，

雖然能因為不會被拒絕或不快而產生安心感，

但也會製造不存在的衝突。

那麼，要怎麼做才能逃離這種不符合現實的電視劇呢？

過去經驗所造就的偏見很難一下子就忽略，

但我們的大腦擁有一個叫做「神經可塑性」的東西，

可以根據努力的程度開闢新的道路。

如果想要開闢新的道路，那麼當想法試圖沿著熟悉的道路開展時，

就必須能察覺到自己的想法處在什麼位置上。

不要獨自猜想問題出在哪，

可以藉由向對方提問，輕鬆地解決問題。

像是「您為什麼用手去擦呢？不覺得很累嗎？」

或是「你是不是心情不好？」

就算推測與事實相符，

會造成問題的情況並沒想像中那麼多。

舉例來說，咖啡廳的員工為了讓客人感到內疚，

故意做出拿抹布去擦拭地板的行為，

那他只不過是個自找麻煩的人罷了，

認為對方的努力值得嘉許，

並對此多懷一點愧疚感就夠了。

就像沒有必要偷看某人的日記本，

我們也沒必要知道對方的所有內心想法。

就算腦中聽到了喧鬧不休的雜音，

也不要被那個聲音控制了，

那只不過是你所製造出來的幻象，而不是對方。

+

當內心的聲音響起時，

試著說出「管他怎麼樣」吧。

令人不滿的不滿

幾年前，有個反派角色出身的女演員在舞台上時
歪著身子摳弄自己的手指甲，引起了爭議。
從整支影片來看，這個舉動只出現了很短的時間，
其他演員也都一派輕鬆地在舞台上問候大家。
儘管如此，關於女演員的態度，
大家的批判卻從「前輩也在場，真沒禮貌」延續到對人性的批
判。
假如那個年紀的我被拍下影片，
可能會因為反社會性人格障礙而被隔離吧？
從三秒鐘的樣子就能檢驗人性，
正義魔人的冷酷與嚴格標準，究竟是哪裡冒出來的？

在集體主義為權威的社會中，我們不是靠自身的判斷標準，
而是以外部權威、紀律、集體判斷為標準，
來獲得行為的正當性。

時間久了，個人的多元價值觀無法蓬勃發展，

反而還衍生出價值觀均一的固定傾向，

在這種社會中，人們經常會以「是我比較奇怪嗎？」

來確認他人的想法，

但這已經逾越了詢問對方「你是怎麼想的？」的層次，

而是一種像在確認正解般，

檢驗自己的行為能不能被社會與集體的基準接受的過程。

一旦像這樣把單一價值觀當成正解，

接納他人的範圍就會越來越狹隘，

最後造成個人的多元性與不同想法受到壓抑。

所以在 SNS 或論壇上，

經常可以看到「沒禮貌」、「刷存在感」的言論，

儘管有時我們能像是看好戲般，

懷抱好奇心看待這個被毫不留情的評價充斥的世界，

但看到因為微不足道的舉動，

導致排山倒海的批判與指責，

就會產生「我搞不好會成為那個箭靶」的念頭而惶惶不安，

並把自己可能瞬間就變成被人公審的對象、

遭到排擠與責難的恐懼內在化，

不斷自我審查，看他人的眼色。

社會越是嚴格，對人的恐懼感就越嚴重，

於是到最後，我們多少都產生了對他人評價感到不安，

以及畏懼他人視線的心態。

當然，碰到問題時提出不滿並不是什麼壞事。

為了改善，我們需要「可以提出不滿的意見箱」，

好比說，二十年來，我的親姊姊就很積極地反應

家門前十字路口毫無紀律的問題，因此路口設置了紅綠燈，

我小時候常見的紅包收賄與體罰現象，

現在也變得令人陌生，

這些都是因為有人敏感地投訴不滿事項與不合理的現象。

這種不滿，能改善原本習以為常的問題，

並打造更美好的社會。

但以固定價值觀為基準砲轟某個人的行為，

只是追求瞬間痛快感的暴力，

也是以正義、禮儀和道德之名所包裝的壓迫。

就算那些批判能帶來改變，

在壓迫下產生的變化，也隨時會令我們陷入不幸。

因此，

讓我們彼此都放下一些吧，

就算稍微不一樣、稍微犯點錯、稍微有不足之處，

也偶爾寬容一些吧，

唯有如此，我自己也才能從那份恐懼中獲得解放。

沒做錯事，
就請別道歉。

啾咪

總而言之，
試著避開大便吧

在我看來，朋友的公司主管應該是有病，

他會隨著見到的對象不同，表現出寒流與酷暑的溫度差，

約聘員工跟他打招呼時愛理不理，

而且像「區區一名約聘員工！」這種狗屁話也說得理直氣壯。

應該說他是奧客和倚老賣老的混種？

這種強敵雖不常見，

但人生在世難免會碰到口不擇言的渾球。

我們該怎麼做，才能守護我們的心不被這種人所傷？

最好的辦法，當然是一開始就保持距離。

無論是嫌大便髒或覺得害怕，先避開才是上上之策，

與其等心受傷了再治療，

事先預防受到傷害會更好。

就我的經驗，只要與見人說人話、見鬼說鬼話的人、

在大家面前大肆討論外表或別人私事的人、
別有居心時才會變得和藹可親的人親近，
內心就會變得殘破不堪，
所以我從一開始就會保持距離。

人再怎麼口不擇言，
也很難去傷害路上的行人，
所以這些人的大放厥詞，
就會特別針對那些在自己領域內、會默默接受的對象。
面對這種人時，
只要稍微滿足他們想獲得肯定的需求，
再鄭重地保持適當距離，
通常對方就不敢在我面前造次，
對方也會感覺到，彼此並沒有熟到可以口不擇言。

就算現實生活中很難保持物理上的距離，
但守住精神上的距離，對每一刻來說都很重要。
舉例來說，把他人當成自身手段利用的這些人，
可以看作是一種自戀型人格障礙。
這些人操縱他人的主要戰術，

就是令人難以捉摸的稱讚、指責和沉默，

要是每次都對這些人的舉動做出反應，

就會為了迎合對方而不知所措，

最後變成被他們玩弄於股掌之間的對象。

在這種情況下，不被捲入才是明智之舉。

我們不能把他們的稱讚當成喜悅，

也不能把他們的指責當真，

更不能費心去猜測他們沉默的理由。

最好能與他們的稱讚、指責和沉默都保持距離，

並把「不被他們關注」當成目標比較適當。

然而，儘管我再怎麼保持距離，

都一定會有人擅自越界、亂踩雷，

即便是在這種時候，

也必須懂得退一步觀看大局。

從遠處看去，那人不過是一個小團體中的小小支配者，

偶爾，讓我們回歸自己的人性，

帶著「那人怎麼會變成這副德性啊？」的憐憫也不錯。

就像開車時，無法預知會在馬路上碰到什麼樣的駕駛，

我們也無法決定人生中會遇見誰，

但假如有段時間，必須在同一條路上和蠻不講理的駕駛同行，

那麼只要保持安全距離，就能防止事故發生。

因此，讓我們退讓一步吧，

我們可以鄭重地對待所有人，

但不被任何人操縱。

+

不知羞恥的人，

任何人都贏不了。

這樣分類就不是寫實紀錄片，
而是情境喜劇了。

至少三振出局後再換人吧

最近有很多關於整理關係的話題，

這是最輕而易舉的解決之道，也是最大快人心的方法，

所以似乎有很多人想整理人際關係。

可是，有時不僅會有人因為整理人際關係而受傷，

也會碰到為此感到後悔的人。

持續清掉合不來的關係之後，

現在能見面的人變少了，所以很孤單，

當剩下的人際關係又發生問題時，

才真的教人崩潰。

過去碰到人際關係發生問題時，

我也覺得只要把那段關係剔除掉就行了。

但事過境遷才發現，關係就像牽一髮而動全身的疊疊樂，

整理掉一段關係，

其他關係也會受到影響，最後導致關係疊疊樂整個坍塌。

當然，碰到真的合不來、越相處越痛苦的人，

還有就算說了自己的感受，卻還是視若無睹的人，

整理關係自然是答案，

以及，當暴力或壓榨發生時，

即便是家人，斬斷緣分有時也能成為解決之道。

但就像不能開強效藥給症狀輕微的患者，

也不能因為物品有瑕疵就全部重買般，

就算發生衝突或感到失望，也不一定得整理掉所有關係。

這時需要的，是給彼此時間。

魔術師李恩杰在戀愛十四年後結婚，

被問到戀愛長跑的祕訣時，他說，

大家都認為當兩人疏遠時，關係就會斷掉，

但其實戀人之間的關係猶如橡皮圈般可遠可近，

當彼此疏遠時，只要關係沒有斷掉並耐心等待，
終究關係又會好轉。

這在其他關係中也適用。
就像臉上長痘痘時會很想趕快消除它，
但如果硬擠就會留下疤痕，
關係也是，如果立刻清除它，反而會造成傷口，
放著不管，也可能自動癒合。
再說了，關係在人生不同階段都會變化，
學生時代獨一無二的死黨，
可能會在出社會之後變得陌生，
也可能在育兒時再度成為彼此的援軍。

儘管有時會有自然疏遠的關係，
但只要關係沒有斷掉，暫時保持距離並等候，
也許說出「幸好沒有失去這段關係」的那一刻終究會來臨。
因此，給彼此一點時間，觀察關係的變化吧，
就算當下不是你想要的答案，
但能夠守護的關係，還是守住比較好。

淘汰　　　　淘汰　　　　淘汰

總是對人際關係感到失望嗎？
如果是你沒有看人的眼光，
不然就是你的要求太多。

對方的人格
不等於我的價值

大學畢業後，我的第一份工作是在服飾公司當實習生。

身為實習生的我，負責各種雜事與跑腿工作，

當時卻有一個從初次見面就很機車的前輩，

和別人講話講到一半，只要看到我過去，就會湊近對方竊竊私語；

碰到能夠簡單解決的失誤，也會挖苦地說：「我有找妳麻煩嗎？」

我很努力想做好工作，卻在無能為力的狀態下結束了實習。

過了幾個月，我進了其他公司，

在上班第一天接到了一個任務，

我想辦法完成工作，直到接近下班時間時前輩找我過去。

我心想：「我又做錯什麼了嗎？」

結果前輩只是要打聲招呼，說很抱歉第一天就要我做事，

往後大家好好相處吧。

對於總是被斥責的我來說，

這無疑是文化衝擊，也是全新的世界。

在那之後，我沒有再被雞蛋裡挑骨頭，

也和那位前輩相處得很好，

儘管辭掉工作已經八年，現在彼此仍維持很良好的關係。

明明我沒有任何改變，卻遇到了截然不同的情況。

在生活中碰到各種事情時，我們經常會問：「為什麼？」

「為什麼我會受到這種待遇？」

「為什麼那個人討厭我？」

這時，許多人會犯下只在自己身上尋找答案的錯誤。

「是因為我不夠好。」

「是因為我沒有魅力。」

「是因為我的家境不好。」

心理學把這稱為「個人化」，

意指就連與我無關的事情，都覺得自己是原因所在。

可是，真的是這樣嗎？

一位精神科醫生曾說，

應該接受治療的人不上門，

反倒是被人所傷的人到醫院看診。

警察曾經逮捕一位抨擊人氣偶像的酸民，

結果是一名知名大學法學院出身的中年男性，

因為他在司法考試連連失利，罹患了精神疾病。

所以攻擊的理由，可能不是受害者的個性、態度、外貌或實力，

而只是當事者有自身解決不了的問題。

儘管如此，我們經常把對方的問題誤認為自己的問題，

並且怪罪自己。

可是，即便是同一個人，也會發生截然不同的情況，

原因就在於情況的變數不在於我，而是對方。

咖啡廳的員工說話時沒好氣，

可能是因為對老闆有所不滿：

早上金科長小題大作，

可能是因為家裡發生了不好的事，

針對我的指責與無禮行為，

原因也可能不在我身上。

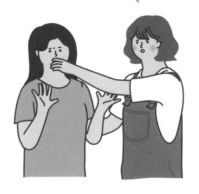

不是妳的錯。

再說了，

世界上存在著就連初次見面，都想把對方狠狠踩在腳下的人；

有為了詆毀對方，不只是移花接木，而是無中生有的人；

也有只是掌握極小的權柄，就想作威作福的人。

有時，我們需要檢視自身行為，

受傷也在所難免，

但至少，不要連對方的問題都當成我的問題。

對方的心情、對方的態度，還有對方的人格

都不屬於你。

+

他們越走低級路線，

我們就越要有格調。

——蜜雪兒‧歐巴馬，美國前第一夫人

名為遲鈍的安慰

以前我曾因為工作而搭計程車到稍遠的地方，

途中我和司機聊起了天，

結果司機向我傾吐心情，說自己都會很細心地體諒別人的心情，

周遭的人卻不是這樣，所以感到很失望。

我好奇地詢問了具體經過，

司機說，當自己為憂鬱症所苦時，

朋友卻打電話問他：

「你怎麼最近都聯絡不上？」

他為此感到失望，最後和朋友絕交了。

因為那口氣就像在怪他，讓他覺得朋友很不懂得體諒別人。

聽到這裡，我覺得不太能理解，所以有點摸不著腦袋，

但說自己很細心體諒別人的司機，最後卻來個大反轉──

他繞了一大圈路，導致計程車費多出一萬韓元。

（當然啦，我遇到的其他司機大部分都很親切！）

就像普通的問候，

在罹患憂鬱症的人聽來可能是指責般，

傷害，也不必然是由某人的惡意造成。

對正在求職的人來說，

聽到朋友訴說上班的煩惱時，會覺得對方是在炫耀，

對遲遲沒有孩子的人來說，

也可能會覺得朋友獨自撫養小孩的辛苦，是身在福中不知福。

意即，根據我的處境，會用不同眼光解讀對方的言行舉止。

與其說是誰的錯，不如說是時機點的問題，

這時，不必因此感到受傷，而是需要些許的遲鈍。

而這種遲鈍，會幫助你掙脫「只有我受了傷」的想法。

當精神健康醫學科的醫師文耀翰在演講時問大家：

「至今傷害我最深的人是誰？」

許多人很快就能作答，

可是當他問「至今被你傷得最深的人是誰？」時，

大家卻答不上來了。

為什麼會這樣呢？

只有受傷的人，卻沒有造成傷害的人，

這種供需的不一致，

也許就是我們正在傷害某人的證據吧？

我們總會覺得只有自己受傷，

並陷入自我憐憫與憤怒之中，

但就像對方無法完全得知我們受到的傷害般，

我們也同樣不自覺地對某人造成傷害。

可是，對某人造成傷害的瞬間，

假如對方能給予諒解，認為「這也在所難免」，

或者「你絕對不是有意的」，

這會帶給我們多大的安慰啊？

雖然我們需要小心避免受傷，

但假如缺乏對傷害的寬容，

我們就會變得滿身瘡痍。

即便如刺蝟般的心無法變得像絨毛般柔軟，

我們也需要在對方犯錯時睜一隻眼、閉一隻眼，

用寬容的目光視之，

還有不試著從對方的行為中尋找想法上的遲鈍。

+

與人交流時，需要具備裝傻的假遲鈍。

盡可能用善意去解讀言語，

把對方當成珍貴的人去對待，

但絕對不要表現得好像只有我單方面給予體諒。

表現得彷彿自己擁有比對方更遲鈍的感覺，

這是社交的要領，也是對人的安慰。

——尼采，德國哲學家

偶然看到一篇文章，
作者說自己不小心把可樂灑在同事的褲子上，
但就在他向同事道歉並表示擔憂時，
同事如此回答了：

寬容的遲鈍感，總是溫柔又甜蜜。

就算遲了，道歉也是對的

有次在演講時，被問到一個簡單的問題。
學生說不確定自己現在走的路是否正確，
於是我說，那麼試著朝別的方向走也不錯，
結果其他學生突然語帶尖銳地說：
「作家您的答案好官方。」
「我有嗎？」儘管這個疑惑令我驚慌了一下，
但我補充說，我的想法也可能是錯的，
要對方好好做出判斷，然後結束了演講。

可是過了幾個月後，
當初提問的學生傳來了訊息，
說即便過了很久，他仍覺得自己很無禮，
一直把這件事掛在心上。

雖然遲了，但他仍想道歉。

因為學生很詳細地描述了當時的狀況，所以我有印象，

但當時我很快就忘了這件事。

不過收到了道歉，總覺得心情很好，

就像是一種被留在某處的小小傷口被治癒的感覺。

光是某個人為我的心擔憂這件事，

就帶給我一股安心感與暖意。

假如你正在思考要不要對已經過去的錯誤道歉，

那麼就算遲了，道歉也是對的。

當然，要不要接受道歉，那是對方的事情，

就算道歉了，關係也許也不會有太大的變化，

但飽含真心的道歉，對自己並不會有任何損失。

也許它能觸及彼此的真心，

能治癒傷口，

運氣好的話，還能獲得與那份勇氣同等的自由。

因此，假如心上有包袱的話，

就把這份心意傳達出去吧。

就算遲了，道歉也是對的。

+

道歉是令人喜愛的香氣，

道歉能使極為尷尬的瞬間

變成一份優雅的禮物。

——瑪格麗特‧朗貝，美國作家

未傳達的歉意，
現在就鼓起勇氣吧。

譯註：韓文中的蘋果與道歉同音，故上圖中用蘋果象徵歉意。

將損失最小化的方法

就讓我來說說第一次當背包客時的苦難記憶之一吧。

當時我要從英國飛到義大利，所以去了機場，

但地鐵站突然發生事故，所以我情急之下改搭了公車，

最後因為時間被耽誤而錯過了班機。

由於是廉價航空的特價機票，因此無法退款，

於是我又花了二十萬元買機票。

原本預算就很吃緊，結果怎樣都捨不得花的錢卻很空虛地飛了，

頓時情緒陷入了低潮。

我的腦中浮現了：

「要是早點來的話該有多好？」

「我為什麼運氣這麼背？」的想法，

結果那天什麼事都做不成，

可是旅程結束後，我再回頭去看這件事，

發現比錢更教人惋惜的，是我一味自責而毀掉的一天。

無論再怎麼自責或悲傷，

也不會有精靈冒出來送我機票，

也不可能突然扭曲時間，回到過去。

因此，把已經造成的損失最小化的方法，

就是告訴自己這也沒辦法啊，

避免心情停留在那個情境太久。

情緒雖然無法一下子喀嚓剪掉，

但也不能持續沉浸在那個情況帶來的教訓中，

任由過去發生的事毀掉了現在。

這在關係中也是相同的。

偶而，我們會因對方的錯誤而變成受害者。

這時的情緒雖會折磨我們，但又無法輕易放下。

我們不想讓對方的錯誤消失，

但也不想放棄能夠責怪對方的權利，

所以選擇了自我折磨。

然而，這難道不是以埋怨為名，

對自己造成二次傷害嗎？

有時，看到車子險象環生地通過路口時，忍不住會怒火中燒，

雖然發生意外，百分之百會是對方的過失，

但既然我不可能被那輛車撞到，

也不能為了懲罰對方就讓自己受傷。

假如反覆地回想，回到受傷害的那個位置，

等於是讓加害者在我的人生中停留更久。

如今，應該從熟悉的位置走出來，

繼續往前走了。

這並不是為了對方，而是為了你自己。

就算不寬恕對方也無妨，

只不過，試著選擇你的自由吧。

不要活在他人造成的傷口之中。

第四章

不畏畏縮縮，堅強面對

活得理直氣壯

唯有對侮辱感到不自在，才不會任意侮辱他人。
因此，我們別「己所不欲，卻施於人」吧，
至少不要在面對侮辱時習以為常。

「只要我忍耐」
無法解決任何事

當自由接案的設計師時，

業界對於作品的訂價原本就是各自說了算。

舉例來說，設計 LOGO 的價碼可以從幾萬元到幾千萬元。

因為沒有訂好的規定，

所以通常依據客戶而有所不同，

偶爾，還會接到客戶開出的價碼，

連最低價格的一半都不到，

或者客戶自以為有無限制的使用權，

持續追加做這做那的。

每一次我都會想，好歹還能賺錢，這樣不是很好嗎？

可是又覺得，如果還不至於會餓死，最後我就會婉拒。

更迫切需要收入的人，可能會接受不合理的要求，

但我希望至少客戶能對他們心懷感謝，

而我，則會理直氣壯卻鄭重地說，這是無理的要求。

一旦我接受，
對方就會認為自己可以提出無理的要求，
一邊說著「上次別人就幫我做了」、「上次都說沒關係」，
一邊更理直氣壯地提出更加不合理的要求。
導致市場的行情被打壞，
損失由大家一起來承擔。
只因我忍耐一次，不當成一回事，
就可能造成大家都必須忍耐的情況。

所以，發揮善意時必須慎重。
個人的善意不必然會以整體的正義作結，
也不是只有手牽著手，才叫做團結一心。
有時，不去回應不合理的要求，
可能即是最佳的善意與團結。

希望大家
都可以少認真一點。

信念也可以修正

我曾在旅途中偶然與韓國旅客聊起天，

對方說，因為父母擔心他沒辦法考上大學名校，

所以他在高中時去留學，

後來順利從大學畢業，回到韓國，在一家證券公司任職。

他為此感到慶幸，

也說往後會仿效自己的父母，

為了讓子女達到一定的生活水準而埋首於工作。

公司的前輩們也多半把子女和太太送到國外，

過著大雁爸爸[4]的生活，

雖然沒辦法經常看到孩子，

但他認為這樣做似乎才對。

這個故事讓我留下了很長久的印象。

4　為了子女的教育，將妻兒送到國外，獨自留在國內賺錢養家的人。

說起我的青少年時期，可以說就像待在放牛班。

我沒有去上大家都會去上的鋼琴或美術補習班，

也幾乎沒有被逼著讀書。

長大之後，我曾問父母：「我是已經被放棄了嗎？」

結果他們說，雖然我現在身強體壯，但小時候身體很虛弱，

因此他們只希望「我能健康長大」。

不過，時候到了，我很自然地對讀書產生興趣，

雖然曾有許多煩惱，但也會主動摸索自己的未來。

因此後來我很自然地認為，

每個人都是帶著種子誕生的，

就算不去強求他長成什麼樣的花朵，

只要給予適量的水分和陽光，

時候到了，他就會開出屬於自己的花。

當然啦，假如以後有了子女，

我可能會殺紅了眼，搖身變成補習教育的代言人，

但「沒有必要替子女設計他們的人生」是我至今所持的一貫主張，

因此他的故事令我驚訝不已。

有一次，

電視節目《非首腦會談》詢問各國年輕人贊成或反對體罰。

有趣的是，國家存在體罰的來賓贊成體罰，

國家不存在體罰的來賓則持反對意見。

在挨打之中長大的人，反倒對體罰持寬容態度，

在成長過程中不曾挨打的人，則對體罰更加敏感。

在多數情況下，人們都會接受自己所經歷的生活邏輯。

即便是反抗或反對它的人，

也會不自覺地受到生活邏輯與文化的影響，

而受困其中。

那麼，誰的想法才是對的呢？

很難說，畢竟哪一邊都不是絕對正解。

每個人都只是透過自己活過的方式來看待人生罷了，

任何人都有自由，去選擇適合自己的方式，

只不過我們必須提防信念僵固這件事。

畢竟盲目的相信有時會造就出邪教的信徒，

即便面對長年深植內心、宣稱「這是對的」的想法，

我們也要抱持疑問。

因為我所相信的人生觀點，有可能不是唯一真理，

經過多次檢驗的信念，也可能存在錯誤，

而必要的時候，價值觀同樣需要修正與改進。

因此，假如無法用現在的方式找到替代方案，

在人生中找不到幸福，

並且相同的衝突反覆發生的話，

就拿出被說服的勇氣吧。

即便面對我們的信念，有時也需要「可以變更」的條款。

+

想成為恆久幸福的睿智之人，

就必須時時改變。

——孔子，中國古代教育家

為了說服，
需要邏輯。

為了被説服，
需要自我省察。

賺錢並不是骯髒
齷齪的事

有時會聽到關於職場生活的各種煩惱，

像是耍大牌的顧客、不負責任的主管、沒良心的老闆，

但畢竟我不知道對方的處境，所以不能叫人家辭職不幹。

也提不出什麼好辦法，

我本來打算說：「賺錢本來就很骯髒齷齪」，

可是心中突然冒出了「果真是這樣嗎？」的疑問。

說賺錢很辛苦吃力也就算了，但為什麼要提到骯髒齷齪？

這句帶著絕望的安慰，難道不是加害者決定的社會正義嗎？

我都撐過來了，所以你也必須撐下來，

世界本來就是這樣。

賺錢本來就很骯髒齷齪，

所以為了賺錢，就必須感受無禮與痛苦，

就是因為這些說法，資方的欺壓才總是如此理直氣壯。

成名的代價包含了承受陌生人的批評與惡意評論，

月薪也包含了忍受不人道待遇的費用。

他們還加上了「這點侮辱就唉唉叫」的理論，

而扭曲的平等主義留下了不必要的痛苦和蔑視。

但這就如同破窗效應[5]般，

如同堆滿垃圾的巷弄般，

在侮辱發生之處，侮辱變得更容易發生。

而這場侮辱大會的結果，

就是默許侮辱的我，也必須活在互相侮辱的生活之中。

可是，難道就非得這麼骯髒齷齪，

還有，大家都必須公平地活在侮辱與不幸之中嗎？

5　破窗效應（Broken windows theory），指當窗戶破掉後未修理，不久後，其他窗
　戶也會被莫名打破的連鎖效應。

不，我們必須中斷侮辱的再生產。

無論從過去到現在，世界是如何運轉，

我們都不該同意「賺錢本來就是骯髒齷齪」的說法並感到萬念俱灰，

唯有對侮辱感到不自在，才不會任意侮辱他人。

因此，我們別「己所不欲，卻施於人」吧，

至少不要在面對侮辱時習以為常。

唯有如此，我們以及我們所愛之人，

才能活在不骯髒齷齪的世界。

+

遭受侮辱的方法，在於向它屈服，

你獲得的尊重，取決於你要求多少。

──威廉‧哈茲里特，英國散文家

禁止不安

以前我經常會用手機連上入口網站，

確認熱門關鍵字是什麼，

查看瞬息萬變的議題和論點成了家常便飯。

可是新聞看久了，

內心卻積滿了疲勞感與不安，

明明只是躺在房間裡看新聞而已，

為什麼會變成這樣呢？

首爾大學醫院就曾經進行一項壓力實驗，

研究團隊把飼養在相同環境的實驗用小白鼠分成兩組，

一組每兩分鐘電擊一次，

另一組則是讓牠們在玻璃窗的另一頭觀察對面的老鼠。

經過十六小時的實驗，

老鼠接受了四百八十次的電擊，

但在老鼠的集中營現場發現了一項驚人的事實——

在一旁觀察的老鼠，比親自感受痛苦的老鼠更早因壓力而筋疲力竭。

光是從玻璃窗另一頭觀看痛苦，

就能感受到恐懼與壓力，

只能眼睜睜看著痛苦發生的事實，造成了更大的無力感。

相較於過去，深受憂鬱症或躁鬱症等情緒障礙之苦的人明顯變多。

眾多學者解釋，原因之一在於現代社會的不確定性。

可是，過去也同樣充滿了不確定性，

人可能會被老虎叼走，曾經發生過戰爭，也有飢餓問題。

相反的，現代的平均壽命增加，

有警察局、消防局和醫院，

我們的日常生活並不如當時貧瘠，

儘管如此，卻有比過去更多的人陷入不安，

深受情緒障礙所苦的原因，

難道不正是因為我們確認、觀看了太多的騷動？

就像是混入「同意全部」之中的「同意接收廣告」，

或許我們也在無形之中，同意接收不安。

過多的資訊導致我們的內心變得敏感，

在對實際威脅採取行動之前，就已因不安而筋疲力竭。

那麼，我們該怎麼做，才能從烙印在心上的

不安感與敏感之中稍微獲得解放？

《容易受傷不是錯》[6]一書中提及，

如果想要放下敏感，

就要減少引發敏感的刺激量。

起初我覺得這個解決方法還真是了無新意，

但之後才發現，沒有比這更好的解決方法。

假如經常有讓你陷入不安的水坑，

與其去填補水坑，

巧妙地避開，避免超出內心的負荷，

或許更能達事半功倍之效。

6　岡田尊司著。

如果看著新聞會擴大你的不安，

確認即時議題會令你神經緊繃，

那就應該轉過頭，別開視線。

我們的心，會被見到的事物所浸濕，

因此，我們就多看看溫柔、美麗與溫暖的東西吧。

+

不是因為它重要才去看，

而是因為有了看的動作，它才變得重要。

只看漂亮的東西吧。

It's You.

不去在意，先從我開始

曾經碰到一位高三應屆考生，

他說自己和同學們的關係變差了，所以過得很痛苦，

還說雖然大家現在都讀同一所學校，

但他想讓這些關係變差的朋友看到，

自己考上更好的大學。

雖然我能理解他的心情，但另一方面又覺得擔心，

既然都讀不同學校，那要怎麼表現給對方看？

難道考上大學後，要寄電子郵件給對方嗎？

說要考上好大學「給對方看」的想法，

是以相信其他人會關注我為前提所產生的。

當然了，考上理想大學，

自然會集眾人的欣羨於一身，

也會成為招來妒忌的對象，

但往後人生還有求職、結婚、買車、外貌、房子、年薪等

一連串要比較的事情，

如果每次都要去在意不特定多數人的視線，

發生不好的事情時，

他人的視線就會變成一種恐懼與侮辱。

這種心態可以用環形監獄的構造來解釋，

環形監獄是英國哲學家邊沁提出的監獄建築形式，

意指監視者可以看到罪犯，

罪犯卻看不到監視者的構造。

在這種結構中，即便是監視者沒有觀看時，

罪犯也會認為自己被監視而感到不安，

最後將監視的視線內化，不斷地替自己評分。

不過，我們有必要將無辜的自己囚禁在這種視線的監獄裡嗎？

這時有個辦法能讓我們獲得自由和解放。

非常簡單，就是先讓自己不去在意就好了。

人總會將自身模樣投射在他人身上，

要是我在意，就會覺得他人也在意我，

因此唯有我先不去在意，就能少在意一些。

別去窺探你根本就不愛的人的 SNS，

也別去更新不重要的人的近況，

假如有人老是要傳達消息給你，就必須懂得轉移話題。

當然，有人可能會關注我們的人生，

巴望著我們會變得不幸，

但沒必要連他們在浪費時間都去在意，

就算有人會用我們的不幸來安慰自己，

那也只是這些低劣之人的寒酸慰藉罷了。

因此，先讓自己別去在意吧。

我們需要的，是集中在自己人生的力量。

+

沒必要為了微不足道的視線而瑟縮，

我們能用尊嚴守護住人生。

你是任誰
都比不上的
完整宇宙

放掉一點力氣再前進

收到讀者向我道謝的訊息時，

我就會萌生必須報答的念頭，

可是我又不能傳送商品兌換券向所有讀者致謝，

所以最好的報答方法，就是寫出好的作品。

這聽起來很像藝人經過自我反省後回歸幕前的台詞，

但我經常帶著「要用好文章報答」的想法全力以赴。

到這裡都很美好，

這不就是作家惦念讀者的溫暖心意嗎？

可是問題來了，就是後來寫文章這件事對我來說變得很困難。

雖然責任感和壓力也能提高工作的完成度，

但過度的壓力反而會降低內心的燃料效率，

讓人什麼都做不了。

有一次，一位責任感特別強的熟人

因罹患恐慌障礙而中斷了工作。

周圍的人要他放下一點責任感，

他卻更加嚴格地要求自己，

到最後就連一般的事情做起來也變得很困難。

我們經常會認為，

強烈的責任感、細心、滴水不漏的性格值得嘉許，

但這種性格卻是高憂鬱症風險的類型，也就是說，

可以看作是容易罹患憂鬱症的性格。

把力氣全部花在與內心打架上頭，

導致真正拿來解決問題的力氣蕩然無存。

因此，無論是再美好的信念、

再成熟的責任感，

仍需要有放下的一刻。

就算沒有不必要的罪惡感或過度的責任感，

我們依然可以報答所愛之人，

唯有我安然無事，也才能談之後的事情。

無論是何種信念，都不該成為它的奴隸，

唯有變得輕盈，才能做更多事，

而我們的內心，也需要最佳化。

放下，才能獲得自由。

試試看，
想試試看的事情

我經常被問到為什麼會開始寫書。

高三時，我的願望清單有一項是「用自己的名字出書」，

大學寫未來出路的報告時，

我也寫自己想從事能安慰人們、替人們加油的工作。

但要靠當作家過活感覺實在太困難了，

所以我認為自己應該去上班，像他人一樣生活。

但不知道怎麼搞的，我覺得像別人一樣生活也不簡單，

既然如此，我還不如去試試想做的事。

於是我一邊苦惱自己的未來，

一邊在網路上做性向測驗，

甚至還去新林洞算命，

但最後寫書的理由卻是「沒為什麼」。

精神分析學家雅各・拉岡曾說，

「人會渴求他人的欲望。」

孩子渴求父母的欲望，男人渴求女人的欲望，女人渴求男人的欲望，

可是渴求他人的欲望，一味觀察他人對我要求什麼，

時間久了，就會對自己想要什麼變得遲鈍。

所以「沒為什麼」的感覺十分珍貴，

不為任何人的欲望，因為這個欲望完全屬於我，

所以我們豎耳傾聽名為「不為什麼」的感覺，

去嘗試「就只是想試試看的事」。

當然了，這並不容易，

如果要我分享「一邊做著想做的事情，又不會搞砸生活」的祕訣，

那就是先制定維持生計的對策。

因為我本來就是自由接案的設計師，

所以手頭雖不寬裕，但至少生計不成問題。

有客戶委託工作時能賺錢，所以很好，

沒工作時，又可以做我自己的事情，所以也很好。

雖然需要具備在回程的橋梁上放火的決心，

但並不需要真的傻傻地在橋上點火，

比起含淚的「麵包」，均勻攝取有營養的食物，

這件事才能做得長長久久。

如果這件事需要全心全意地去做，

那麼，先準備好能撐過這段時間的資金也是不錯的辦法。

此外，比起短時間燃燒所有熱情、操壞身體，

擁有規律作息，按部就班去做會更好。

根據我的觀察，

只要制定最低限度的生計對策，

持續認真地去做，就不容易搞砸。

萬一不太順遂，也只要換條路走就行了，

我們可不是那麼脆弱的存在。

不需要為了一個夢想而壯烈犧牲，

人生依然得繼續，退路總是隨時為你敞開，

比起安全的放棄，我們需要的，

是隨時都能重新開始的力量。

當然，選擇和責任都是各自必須承擔的，

只不過，假如你需要勇氣去做單純想試試看的事，

假如這件事看似不會成功，但你又不能不去做，

那我衷心希望這篇文章能帶給你勇氣。

＋

做不喜歡的事也隨時可能會失敗，

既然如此，還不如去挑戰熱愛的事。

——金凱瑞，美國演員

認真做還是不行，怎麼辦？

那妳就會知道「認真做還是不行」啊。

原來這條路不適合我。

只有盡全力試過，
才能死了這條心。

不要以為，一切
都歸咎於過去的問題

小時候，我只要去幼兒園就必定會哭。

媽媽把我推上幼兒園的小巴，

而我哭得很傷心地被老師拉走的場面，至今仍記憶猶新。

我記不清當時的理由或心情，

但閱讀心理學書籍時，

我卻隱約有種「看來那時是有分離焦慮」的想法。

可是不久前，因為和別人有約，我比平常更早起床，

但實在太不想起床，覺得自己就要哭出來了。

仔細想想，不只是學生時代，

上班時我也經常遲到。

聽到這個故事後，可能會有人想罵我，

但我並不是故意的。

我在早上格外嗜睡，

無論是被罵、被打、成績變差，也無法改善這個情況，

上班時，我每天都必須面對地獄。

回想起這些記憶的瞬間，

我才豁然頓悟，我那麼討厭去幼兒園的原因，

不在於分離焦慮，而是因為早上想睡覺。

我們經常會透過童年來診斷自己的問題，

因為兒時的經驗會形塑我們的內心，

只是問題出在記憶並不完整，

即便是相同的情況，每個人也會有不同的認知，

而上週才看過的電視劇，重新再看，

和記憶中的情節和台詞也都不一樣，

更何況是過了好幾年的事，又怎麼能夠記得清楚呢？

而且，記憶與情緒互相銜接，

悲傷時會想起悲傷的記憶，憂鬱時會想起憂鬱的記憶，

但可能不是因為我的過去充滿了負面記憶，

而是因為此刻的情緒所引發的。

當然，我們可以藉由過去來診斷問題的起點，

理解問題的另一面，

但受木已成舟的過去牽制，

不斷反芻回憶，並不能讓傷口復原。

正如阿德勒所說，過去可以解釋現在，

卻無法成為未來的解決之道，

那麼，應該怎麼做呢？

為了擺脫過去，往前進，

我們需要的不是埋怨，而是哀悼。

與其為已然消逝的過去憤怒，

更應該問問過去柔弱、令人哀憐與心疼的自己

有多辛苦、多孤單、多害怕，

盡情為他哭泣，盡情為他悲傷，

並安撫童年的自己。

我們應該告訴他，

你撐下來了，捱過來了，

如今成為再也不必害怕的大人了。

別向過去追問一切，

也不必以往昔的記憶來界定自己，

無論在何種環境生長，受過什麼樣的傷，

你都有資格往前走，

也能決定更多事情。

你，可以變得更加幸福。

請安撫躲起來的「童年的自己」吧。

不要因年紀而焦慮

我最討厭的，莫過於後悔，

看著覆水難收的事實而自責，

會令我們的心變得多麼不快與疲累啊？

所以為了把後悔的感覺降至最低，我制定了預防措施——

寫悔過筆記本。

因為人總會反覆犯下類似的失誤，

所以我打算不再為相同的事後悔。

寫下之後，發現我總會擔心一件事，

就是對年齡的焦慮，

明明是大好青春的二十代，我卻總是憂心不已，

雖說以往後的日子來看，現在是最年輕的，

但從過去到至今的日子來看，現在卻是最年老的，

因此更新的年紀總令人感到有壓力，

我就經常在 Cyworld[7] 的迷你網頁上寫下：

7　如同過去台灣盛行的痞客邦，是曾在韓國蔚為流行的部落格網站。

「天啊，我竟然二十三歲了。」之類的字句並慨歎不已。

當然，這種焦慮並不全然是負面的，

也有助於督促自己達成各種目標，

但焦慮使人的視野變得狹隘，

一心只追求眼前結果的我，

無論面對任何目標，都無法分配一年以上的時間。

我已經比別人遲了一些，

必須加緊腳步，避免落後於多數同儕太多才行，

因此，無論是新的嘗試或需要耗時的挑戰，我都說自己無法去做。

可是，等我二十三歲時，卻看見了二十歲的稚氣，

等我二十六歲時，又看見了二十三歲的可能性；

等我二十七歲時，則看見了二十六歲的青春。

何止是二十代？

四十代的說三十代幼齒，

五十代的說四十代年輕，

六十代的又說五十代是人生巔峰。

事過境遷之後，所有日子都仍年輕，

我們的領悟卻總是來遲一步。

我已經厭倦了不斷重複地懊悔，

因此決定再也不要為年紀感到焦慮。

別被年紀追逐而倉促，

也別去限制人生的可能性，

我產生了花時間寫書的念頭，

最後也終於不再重蹈覆轍，後悔相同的事。

也許你也像當年的我一樣，

對年紀的增長感到陌生，於是心生焦慮。

懷抱長期的夢想，你可能會說沒時間，

或者要開始做某件事卻發現為時已晚，

但你很快就會察覺到，

現在就是開始做一件事的最好時機。

希望你能朝著期望的人生

逐步邁進。

未來的你，

將會為現在你的起步加油。

+

大家經常問我的問題之一，就是：

「要是沒辦法一直當散文作家，該怎麼辦呢？」

而我的回答始終如一：

「那做別的事就好囉。」

要馬上有新的職業雖不容易，

但只要有三年左右的準備期，

能做的事也不在少數。

給你的開始一點時間吧，

人生太過短暫，不適合用來猶豫，

而用來焦慮，又未免太長了。

〈焦慮處方箋〉

第五章

不一味忍耐，以圓融的態度

用言語表達內心

我們人生中最需要的安慰，
不是華麗的口才，也不是才氣滿分的比喻，
而是以具有存在感的重量停留在對方心上，
那份真心，將會成為我們給予彼此的救援。

無禮
也需要減速帶

某出版社的編輯曾向我尋求建議，

說有一位頗具權威的作者，

開會時總會不由分說地就說非敬語，

有時會讓他有種尊嚴掃地的感覺。

碰到這種時候的確很麻煩，

當我把情緒表現出來，可能會對我隸屬的組織造成不利，

或必須在難搞的上司或重要的客戶面前保持資本主義的微笑時，

不動聲色果真是最佳的選擇嗎？

根據心理學家高永健、

金真英教授這對賢伉儷的著作《幸福的品格》，

在人生中，日常的麻煩瑣事要比巨大的事件來得更致命，

破壞人生的，不是痛苦的總和，

而是無力感在那一瞬間的程度。

無力感往往會在你感到痛苦，並發現自己無能為力的時候產生。

因此，雖然無法每次都挺身對抗，

但為了守護人生，避免陷入無力之中，

我們必須找到自己能做的事。

有沒有什麼好辦法呢？

參考《向精神暴力說不的方法》[8]這本書之後，

我發現有個非常簡單的說法，

那就是：「什麼？」

這時會需要發揮一點演技，但不是找人吵架，

而是針對世界上還有這種落後思想的人表達出純粹的詫異，

非常簡短地說一聲：「什麼？」

沒有人會因此指責我們，

而且這說不定還能成為傳達內心想法的機會。

當然啦，有些反派角色根本就完全不在乎我們的反應之類的，

8　片田珠美著，原書名為《平氣で他人を傷つける人》，暫譯。

所以需要使出殺手鐧，

但幸好大部分的人都不希望自己看起來很奇怪。

只要我們在自己與對方之間創造出些許摩擦力，

或許就能避免他們成為怪物，

如同道路上的減速帶般，

些許的不便能夠確保彼此的安全。

這時，不能忘記的，

不是對掌權者的禮儀，而是對人的禮儀。

經常會留下悔恨的自我表現，

並不是因為表現出來，而是因為失去禮貌。

雖然無需對無禮的對象親切，但也沒必要變得跟他一樣無禮。

這並不是要你皺著一張臉發牢騷或變得卑劣，

而是以鄭重的態度，逐步讓對方了解，我也是個有情緒的人。

儘管擔心自身的表現會帶來不利，

但只要不失對人的禮儀與鄭重，就不太會造成問題。

萬一最後還是造成負面結果，

也許打從一開始，

就該離開那種地方或那種人。

因此，即便再細微的反應，也試著表現出來吧。

為了避免自己變得有氣無力，

為了彼此有尊嚴的人生，

任何人都有守護自己的權利。

這樣似乎比較有益健康。

一定要把感受說出來

曾是公司後輩的她,有個結識多年的朋友,

平時兩人雖是好朋友,但只要有人稱讚她,

朋友就會板起臉說:「她?我倒是完全沒感覺耶。」

並在大家面前損她。

雖然內心受了傷,但她只是反射性地以尷尬的笑容帶過,

而朋友的無禮行為也不斷發生。

你可能會問,為什麼她要一再忍氣吞聲?

但其實表達情緒是知易行難。

我們可以從文化中探究原因,

在東方文化中,常常對能言善道具有負面的認知。

這與教育及探求真理的方法也有關,

假如西方探求真理的典範是蘇格拉底,

東方的典範不就是佛祖嗎?

假如西方是透過聚集在廣場討論來探求真理，

東方靠的就是砥礪身心的修行，

換句話說，是透過省察和體悟來追求真理，

而緘默的人會被視為斯文慎重之人。

同時，強調整體和諧的韓國文化，

會將壓抑自己、靠內在消化情緒視為成熟的行為，

並要求情緒表現的節制，

不光只是負面情緒，

就連笑的時候都必須掩嘴，才算是禮儀得體。

也許應該說，這是在要求我們成為只用一種表情

來表現一百種情緒的制式演技達人？

時間久了，不僅出現許多隱藏本意的形式表現，

以聲調、上下文、細微表情的變化等模稜兩可的信號

來判斷對方意圖的間接溝通方式也漸趨發達。

在過去，組成一個村莊的只有數百人，

彼此分享相同的文化、價值觀和日常禮儀，

就算不必言說，甚至是說反話，

某種程度上對方也能聽懂。

但現今的社會共識或個人常識天差地遠，

加上無數生活在截然不同環境中的人不斷建立關係，

對他人來說是常識，對我來說可能是一種無禮行為，

對我來說是一種善意，對他人來說卻可能是多管閒事。

我們期待能心靈相通，實際上卻是同床異夢。

還有另一個問題，

就是無法表現出來的情緒並不會消失。

累積在潛意識中的情緒，會以突如其來的憤怒表現出來，

有時會帶著斷絕關係、故意的失誤、

拐彎抹角地怪罪等被動攻擊的型態，

有時則會忍不住動怒，殃及無辜之人。

要是不懂得正確的表現方法，
無論遇見誰，都只會感到痛苦。

有些人會用極高的耐心來消化怒火，

無法消除的憤怒最終就會回到自己身上，

因此有時像是嘔吐等身體病症或憂鬱症就會出現。

情緒的隱蔽，會使我們變成受害者、變成加害者，

或是同時變成這兩種人。

當然，我們無法將所有不舒服的情緒都表現出來，

而且任由能揮別的情緒流逝也不失為一種方法，

但如果心靈倉庫的情緒持續累積，

直到情緒再也找不到空位擠進去時，

就必然會引發問題，無論是以何種形式。

為了避免衝突而保持沉默，

只會造就另一種形式的衝突，

無論是以憤怒搞砸關係，或是忍出病來，

都是不懂得健康自我表現的一種悲劇。

因此，雖然會因為不熟悉、害怕對方的反應、

不知道方法而感到尷尬或痛苦，

我們仍需要練習表現情緒。

你可能會問，非得要用言語表現嗎？

但有時就是非得說出來不可。

為了健康圓融的關係，

為了你的心靈著想，

這一刻，人生需要你的聲音。

請問問你的心

看 YouTube 影片時，恰好看到了一則留言，
留言者說自己向朋友吐露困難，
結果朋友說：「又不是只有你辛苦，大家都在苦撐。」
而這句話完全無法安慰到他。
老實說，我突然心頭一驚，因為我也在聽到朋友的煩惱時，
經常用「我也是這樣，大家都是這樣生活的，加油」的方式回答。
站在我的立場，說這番話自然是希望能替朋友解決問題，
但回想起當時朋友的表情，似乎我一點都沒幫上忙。

《當厄運發生在好人身上》[9]的作者哈羅·庫許納也說，
當自己的兒子走向死亡時，
大家的安慰反而令他感到痛苦，
可是他回顧過去，發現自己二十年來，
也對其他人說了相同的話來安慰他們。

9　《當厄運發生在好人身上》（*When Bad Things Happen to Good People*），暫譯。

後來我才發現，安慰與共鳴的失敗是很常見的事。

為何共鳴會這麼困難呢？

究竟該如何做，才能好好地安慰他人呢？

在《好好回話，開啟好關係》中，鄭惠信博士說，

傾聽他人的痛苦時，

必須小心地給予忠告、建言、評價與判斷。

我們就以這內容為基礎來出一道實戰問題吧。

假設孩子和朋友吵完架回家，

你認為這時說什麼話，才能表現自己感同身受？

1. 你到底是像誰，每次都跟別人吵架？

2. 要跟朋友好好相處喔，你先說對不起吧。

3. 為什麼？為了什麼吵架？其他朋友呢？

4. 沒關係，我小時候也經常和朋友們吵架。

我們大概都是聽著其中一種說法長大的吧。

那麼共鳴的話應該是什麼呢？

其實前面都是幌子，

對方最需要的，

是你詢問他的心情：「還好嗎？現在心情怎麼樣？」

就算需要安慰或建議，

也要先讓對方充分地說出自己的心情後再問。

可是有許多時候，我們並沒有在聽了對方的故事後給予共鳴，

而是先被「給對方答案、必須解決問題」的想法所箝制，

聽對方說話的同時，卻依然聚焦在自己的世界，

所以沒機會問這個簡單的問題。

為什麼會這樣呢？

因為我們也是聽著這些話長大的，

因為其他人也不曾過問我們的心情，

所以我們也把對方的心情推至最後才問。

能獲得忠告或建言的地方很多，

有書，有令人喝采的演講，

SNS 上也充斥著各種名言佳句。

我並不是說這些話不夠好，

也不是不知道「大家都很辛苦」、「大家都這麼生活」，

雖然這些都知道，但現今實在太辛苦了，

對在身旁的這些人來說，他們需要的不是話語，而是實質的安
慰。

因此，假如你身邊有深感痛苦的人，別急於提供解決之道，

而是先詢問對方，讓對方能夠充分說出自己的心情，

同時也必須懂得包容對方的情緒，

認為「你會有這種感受，必定是有原因的」。

就算沒有給予對方具邏輯或理性的建言，

只要充分得到共鳴，對方就能自行找到答案。

莊子說，真正的共鳴是清空心靈，

以自己的全部存在去傾聽對方的話。

在我們人生中最需要的安慰，

不是華麗的口才，也不是才氣滿分的比喻，

而是以具有存在感的重量停留在對方心上，

那份真心，將會成為我們給予彼此的救援。

在地鐵的月台上，
一名醉漢引起一陣騷動，和警察起了爭執，
這時，一名年輕人走來，
緊緊地抱住頑固的醉漢，輕拍安撫他。
結果，方才還大呼小叫的醉漢，瞬間態度軟化，
垂下頭，靠在年輕人的肩膀上。

我們都以為對方正在發火，
但其實，也許大人也跟孩子一樣，
正在吶喊著，要別人抱抱他。

先表現出來，
才知道對方真正的價值

有人問我，有沒有能夠把自己不舒服的情緒表現出來，

又絕對不會產生衝突的方法。

絕對不會產生衝突的完美說話法，

當然是有幾項原則，只不過這有可能實行嗎？

世界是個非常神奇的地方，

我們說的話，會依據對方的經驗，而被解讀成截然不同的語言，

因此即便再深思熟慮的措詞，

我也無法控制或預測對方的反應。

儘管有些人會努力觀察我們的心思，並試圖理解，

但有些人在我們說「NO」的瞬間，

在我們從內心端出不適感的時刻，就可能離開我們。

但假如對方是只要求我們說 YES 的人，

是不曾努力觀察我們心情的人，

這段關係，對我們來說是件值得開心的事嗎？

再說了，我們必須表現情緒的最大理由，

是因為唯有表現出來，才能得知對方真正的價值。

儘管可能會發現，

是我們對終究只會留下空虛的關係太過卑躬屈膝，

但也可能會把努力理解我心情的人誤會成反派。

害怕表現出來，最後反而使關係貶值，

也會釀成不必要的憤怒。

關係猶如兩人一起玩球，

你丟我接時才叫玩耍，才能帶來樂趣。

要是對方丟球，我卻完全接不住，

從那時開始，這就不再是玩耍，而是一種暴力，

無論對方的意圖為何，他都會變成加害者。

因此，試著表達你的心情吧，

這並不是為了劃開傷口，而是為了擁有更深刻的連結。

避免在表達時造成傷口是我們的責任，

但如何接受，則是對方的責任。

比不發生衝突更重要的，

是逐步學習解決衝突的方法，

當產生衝突又能獲得解決時，

我們才能夠安心，關係並不會因為這點事就破裂。

還有，這份安心感，我們稱之為信賴。

+

當深愛的人任意對待自己，

你卻悶不吭聲時，最終你就會怨恨起他們。

──安德魯·馬修斯，澳洲作家

嚴 肅

為了避免誤會他人，需要的
不是多了解他人，
而是明白自己的無知。

打造我專屬的
憤怒調節裝置

某個替人們解決煩惱的綜藝節目中，

分享了一個觀眾說自己無法遏制怒氣的故事。

她說，過去就算自己生氣也會竭力忍耐，

但在經歷遭到誤解、血液直衝腦門的經驗後，

就下定決心要把想說的話說出口。

可是，試著表達之後，她卻發現很難駕馭怒氣，

甚至不惜找組長過來，到處發洩怒氣，

結果曾被稱為小狗狗的她，如今有了土佐鬥犬的稱號。

雖然不能無條件堵住怒氣，

但如果讓它持續爆發，同樣也會造成問題。

就像總是被鎖住的水龍頭，

和隨時都嘩啦嘩啦流出水的水龍頭一樣，都是壞掉的。

重要的是發怒的方式與程度。

我們不能因為一艘他國的漁船駛過海岸，

就發射飛彈，

理性的我們，會先給對方訊號，

直到侵犯行為持續發生，才必須派出「三隻珍島犬」。

那麼，該怎麼做才能調節憤怒呢？

《終究，問題出在情緒》的作者馮‧穆西豪森說，

當外在動機與「這種事當然應該發脾氣」的想法相符時，

大家就會發脾氣。

可是大家卻沒察覺，

此時也可以不發脾氣，做出其他反應。

就像說自己有「憤怒調節障礙」而胡亂揮刀的人，

在碰到擁有馬東石這類體格的大哥面前，

可能就變得「能順利調節憤怒」般，

憤怒也有選擇的領域。

而自行決定選擇的領域，即是調節憤怒的核心。

為此，我們就需要區分發脾氣與不發脾氣的基準。

首先，必須要有他人無法隨意擾亂的界線。

如果沒有界線，就可能成為容易下手的受害者，

這樣一來，我們就會因為無力感而得內傷，

因此必須找到絕對不能讓步的自我保護界線。

只不過，被攻擊的當下可能會全身僵硬，

因此最好平時就先確認自己的憤怒領域。

正如不能為了實踐對鄰居的信任，

就敞開大門生活般，

我們都需要守護自己的界線。

但當界線不斷累積加厚，就會導致孤立。

總是懷有戒心地豎起尖刺，害怕會有損失而戰戰兢兢，

就很容易因為敏感和疲勞而誤射他人。

當規則太嚴格時，最先感到筋疲力竭的就是裁判，

所以這時需要的是容許值。

要是少了「在所難免嘛」的容許值，

不必要的憤怒就會使我們燃燒殆盡。

不過，基準線這種東西，無法由法律制定，

也不可能每次都上網問鄉民自己該不該發脾氣，

因此，終究必須由我們自行決定，負起責任。

那麼，該怎麼做才能找到適合自己的基準線呢？

這會是由後悔與無力感的瞬間來制定。

假如有無數的夜晚，你都因無法暢所欲言而感到無力，
不甘心地猛踢棉被，
或是內心對忍不住發火的瞬間感到懊悔，
這種經驗就會成為了解自己基準的過程。
反思後悔的每一刻，現在就做出其他選擇吧。
包含界線與容許值的基準線，
如今將會守護你。

為了打造舒適的關係，
需要有讓我感到舒適的界線，
以及讓對方感到舒適的容許值。

能守護我的語言

我曾在網路上看到一篇標題為「惡主管應對法」的文章，
是關於如何滿足主管的認同需求，
又能表達自身立場的內容，
其中包括了「組長真的好了不起呢，
要是您告訴我哪裡做得不好，我一定會改進。」之類的例子。
可是我看留言，發現很多人說這很不切實際，
並說：「你去見我的主管，看你說不說得出來。」

搞笑女藝人金淑在美容室時，
曾用「肉要烤焦囉～」來表達吹風機很燙，
這樣的表達不僅直率，也很機智，
不過等到我要效法時，卻覺得好像哪裡有些彆扭。
話術相關書籍的案例或例句的限制就在於這裡，
這樣的語言，不僅無法吻合我經歷的情況或對象，

也不是百分之百適合我。

其實完美的創作是不存在的，

為了說明原則的例句也會有幫助，

只不過它終究也只是例句，並非完美的腳本。

關於關係，沒有明星講師能給你準確答案，

就算某些話術的指南完美無瑕，

但當所有人都應用時，

也只會如「顧客，我愛您」般徒留形式，失去力道。

因此，最重要的是守護基本原則，

但要用符合我的語言去打造。

要做到這點，應用與練習是必需的。

就我自己來說好了，

我曾在生氣的情況下直言不諱，

但即便覺得自己理直氣壯，

最後卻留下了揮之不去的疙瘩感。

所以我不把焦點放在對方的行為，
而是將焦點放在我的情緒，
把這套原則套用在我的語言上，
在我打算說出「太荒唐了」、「您這是在幹什麼」時，
我會改成「真令人措手不及」、「覺得尷尬」等說法。
如此一來，既能表達我的情緒，
又能減少令自己後悔的事。

為了提升生活，我們學習許多知識，
學習如何獲取信用卡優惠的方法，
學習烹煮印尼料理，
也學習駕駛的方法。

可是在人生中，有比我們的語言
帶來更多影響的東西嗎？

話術並不是一種天賦，而是一種技術，
它並不會自動形成，

好，大家都來試試看吧。

因此不能認定它是與生俱來的，

而我們只能坐以待斃。

讓我們學習如何在說話時稍微圓滑一些，

發現能守護自己的語言，

並且不斷練習、修正與嘗試吧，

那麼，守護自己的語言就會於焉完成。

+

說出來吧，將所有真實，

但用偏斜的角度去說它吧。

——艾蜜莉‧狄金生，美國詩人

表達，也需要暖身

在我們同輩都知道的電視劇《巴黎戀人》中，
啟柱對在眾人面前躲起來的苔玲如此說道：
「為什麼不說話？為什麼不敢說，這男人是我的男人！」
這時苔玲說了：「我要怎麼說啊！」

現實生活中的發展肯定大不相同，
但「應該要說的」和「要怎麼說啊？」之間的爭論，
猶如能穿透一切的刀刃與能抵擋一切的盾牌般延續了許多年。
人究竟為什麼無法說出自己想要的東西？
這會不會是因為，我也不太清楚自己想要什麼？

我們接受的教育，並未教導我們理解、解讀自身的需求，
而是去懷疑、壓抑它，
怒氣、悲傷、孤單、羞恥心等不自在的情緒，
會被偽裝成相對安全的「假情緒」後表現出來。

因此我們的內心與行動之間會互相違背，

以致有時會說出違心之論。

而且，就連我都不懂自己的心，

卻又經常要求對方了解。

可是，既然對方不是仙女或菩薩，

當然不可能了解連我都未察覺的內心，

像這樣難以完全表現或滿足的需求，

很容易轉變為對對方的指責。

因此，為了建立圓融的關係，

就必須徹底理解並懂得表現自己的內心。

要做到這點，就需要觀察內在的聲音。

唯有察覺自己的假情緒，

才能找到蘊含情緒的自身需求。

舉例來說，對某人感到失望時，

其中大概就含有「希望被尊重」、「想擁有親密感」等需求。

關係不會靠獨自努力而改變，
但只要率先付出努力，就可能產生變化。

我們必須增加與心靈相關的詞彙，

並且找到自身真正情緒所指的座標。

儘管有時會有要承認卻感到不自在的情緒，

但唯有坦然接受，才能夠控制那情緒。

理解自己的內心後，

就需要練習在不傷害別人的情況下表達內心，

在各種方法中，

我推薦的是馬歇爾‧盧森堡的非暴力溝通法。

我們必須以「我」，而不是以「你」為中心說話，

這是可以避免評論對方，

而且光是透過行為與事實，

就能表達我的感覺與需求的說話技巧。

舉例來說，把「你忽視我」等批判對方的句子，

改成「我在說話時，你看著電視回答（觀察），

我希望能被你尊重（我的需求），

可是卻沒感覺到，所以很失望（我的情緒）」。

此外，為了滿足需求，可能還需要加上請求，

相較於使用「不要做～」這樣的禁止語言，

使用「希望能～」這類的正向語言，

盡可能具體地表現自身需求比較好，

同時使用「可以別看著電視，看著我回答嗎？」

來取代「尊重我」之類的抽象說法。

當然，一開始我們可能會覺得尷尬或困難，

但了解自己的內心，

學習不會傷害對方的語言後，

才能控制自己的情緒，和他人建立更深刻的連結。

因此，去探問自己的內心，並熟悉新的表達方式吧。

表達，也需要暖身。

+

把自己的情緒和情況寫在紙上，客觀地觀察，

寫下自己要說的話，練習如何傳達吧，

經過再三練習，任何人都能熟能生巧。

人是改變不了的

EBS 頻道的節目《變得不一樣了》，

是透過專家諮商與教育，替家庭問題找尋解決之道的節目，

觀眾可藉此窺探各種夫婦之間的衝突，

像是老公不替未來做準備，老婆喋喋不休地指責，

或是老公為了老婆買一個小菜保鮮盒而責怪她等。

儘管家家戶戶都有本難念的經，卻存在著相似的模式，

大部分的責怪都是為了改變對方，

而受傷的一方，也同樣以責怪反擊。

我也有過類似的經驗，

是和男友為了同一個問題吵了好幾個月。

我說，我有不能接受的部分，所以你必須改，

要是不改，這段關係就無法走下去。

儘管就短期來看，這場仗的勝利者看似是我，

之後男友卻經常表現出不滿，

而造成傷害的乒乓球，就這麼持續了好一陣子。

究竟為何連相愛的人之間都會反覆發生這種衝突呢？

就像「對」、「錯」、「應該做」、「不應該做」，

我們很習慣計較孰是孰非的道德主義判斷，*

從小，我們的個性就沒有獲得尊重，

也沒辦法互相交流內心想要的東西。

這樣的我們，認為唯有對方改變，問題才會解決，

有時也以為按照我的標準才是愛我的證據，

並且相信，只要銳利地指責、執意要求，就能改變對方，

但那是太低估了我們的自主需求。

---

* 馬歇爾・盧森堡在《非暴力溝通》中說，過去少數支配者為了支配大眾，教育大眾必須像個奴隸思考，而此時他們使用的便是道德主義的判斷。但盧森堡叮囑，不可將「價值判斷」與「道德主義的判斷」混淆，關於正直、和平、愛等價值的判斷，才是滿足彼此需求的最佳辦法。

指責和強迫會造成羞恥心，

根據布芮尼・布朗的《我已經夠好了》[10]，

產生羞恥心的人更容易做出自我破壞的行為。

像是藉由指責、侮辱對方來轉嫁羞恥心，

或是反而強化被指責的行為，忽視對方的心情。

有時看似對方接受了，

但他的內心卻留下了憤怒，

而這樣的強迫必然會付出代價。

人是改變不了的，

但這句話並不是對於對方不改變的自嘲式死心，

而是我們無法強迫任何人按我們的想法去做的一種謙遜體悟。

在這之後，我中斷了長久以來的要求，

開始思索我最想從關係中得到什麼。

回想起來，當時的我們沒能接納自己原來的面貌，

而我也同樣因某人的判斷與指責而受傷。

---

10 《我已經夠好了》（*I Thought It Was Just Me*），韓文版書名為《鼓勵羞恥心的
  社會》。

那樣的我，真正冀求的，是即便人生疲憊不堪，

也能成為彼此歇腳處的愛情共同體，不是嗎？

唯有努力認同對方原來的樣子，

對他人有所要求時，

才能以愛為基礎提出請求，而非強迫對方。

當我們能學會愛與憐憫的語言，

而非貼標籤或比較等判斷的語言，

對方也會因更加珍惜關係，做出更多努力。

「愛」是屬於很精密的關係領域，因此絕沒有那麼容易，

但百分百適合我的完美對象並不存在，

就算不試圖改變對方，關係也可以有所變化。

比起發現能去愛的人，更重要的，

是去愛我所發現的人。

別去遠處尋找愛，

我們需要的不是愛了才努力，

而是努力去愛。

我們無法改變任何人，
彼此只會逐漸相似罷了。

結束壓迫的接力賽吧

根據媽媽的說法，我這人就是「說一句頂一句」，
這時媽媽經常會說：「小心以後被婆婆趕出家門。」
這句話，不是和「以後生個跟妳一樣的女兒看看」一樣，
都榮登了媽媽的流行語排行榜的前幾名嗎？

某天，我聽到這句再熟悉不過的話，心中卻很不舒服。
媽媽們究竟為什麼要對子女說出
「趕出家門」這種不符合時代的詆毀？
大概是因為，媽媽也是從她的媽媽口中聽到這句話吧。
而外婆，又是從外婆的媽媽口中聽到這句話。
這句話聽久了，內心老是有種
「只要表達自己的意見，就可能會被拋棄」的恐懼感。
產生這種想法後，我問媽媽：
「妳希望我帶著怕被婆婆趕出家門的想法生活嗎？」

當然不是了。

媽媽一時啞口無言，

之後再也沒提起這件事。

其實，關於身分認同的類型化與壓迫隨處可見，

對女性主要是要求「女孩子說話不能太大聲」，

對男性則是以「男生不可以哭」之類的話來壓抑他們的情緒。

這長久的壓迫會蠶食自己，

也會代代傳給深愛的人。

因此，覺察是很重要的，

包括這句話會對我留下何種影響，

而我感覺不舒服又意味著什麼。

假如這些話是不安、創傷、衝突的種子，

那你就要斬斷它們。

不要讓種子在心中扎根，

至少，不要傳給你所愛的人。

到此為止。

停止吵架的方法

許多人在起了口角後，就彷彿搖身變成廣播，
完全不聽對方說話，只顧著重複講相同的話。
仔細聆聽，就會發現是在吶喊著要對方認同自己，
但對方也只顧著講相同的話，不願意給予認同，
所以衝突就只能持續下去。
有個小妙招能夠轉換這種情況，
就是當你發現對方的話有一丁點對的地方時，
就說「的確有可能，你說的沒錯」去認同他。
認同對方的話，
不代表我的話就變成錯的，或者我就變成加害者。

就我的經驗，當我停止自我防禦，認同對方後，
對方同樣開始聽我說話，
最後也認同了我的心情。

這是因為，在吵架之中，

也存在著支配欲、滿足自戀需求、報復心、

自我同情、正義、迴避責任等無數補償。

這是一種揚棄乏味的和平，

在吵鬧的爭執中確認自己活著的方式，

所以許多人才會明知中斷吵架的方法，

卻持續爭吵，

明知會帶來痛苦，卻仍選擇吵架。

但是我們想藉由關係獲得的，

不是透過吵架得到的隱祕報償，

而是成為彼此的歇腳處，不是嗎？

為了千瘡百孔的滿足感，

失去緊密的連結與愛也無所謂嗎？

愛，是只有相信忍耐的價值時才能獲得。

儘管關係的經營需要眾多技巧，

但最重要的，是在衝突的瞬間選擇愛的勇氣。

想要得到愛，就去選擇它吧。

+

打造地獄的方法很簡單，

只要去憎恨身邊的人就行了。

打造天國的方法也很簡單，

只要去愛身邊的人就行了。

——白凡金九[11]

---

11 金九（1876－1949）：韓國獨立運動家，別號白凡，日帝強佔期間擔任大韓民
國臨時政府的領導人，有「韓國國父」之稱。

人是在無法忍受和平時，
才選擇爭吵。

我們需要忍受和平的力量。

第六章

揮別冷淡，選擇溫柔

學習如何去愛

對長期以來太過辛苦的自己，
對人生中被忽略的自己，
現在，溫柔一點也沒關係。

禁止燃燒殆盡

學生時代，我家有一本首爾大學學生的手寫筆記。

大部分的內容，都是寫要多用功才能考進首爾大。

舉例來說，一天睡不到四小時、流鼻血成為家常便飯，

一邊塞住流血的鼻孔，一邊背英文單字等故事。

雖然就算我重考十五次，應該也考不上首爾大，

但我卻對有人這麼用功的事實感觸良多。

現在想想，這無非是一種對痛苦的美化，

就像看到吊著點滴、埋首工作的人，就會說他很專業，

看到一天只吃十顆小番茄減肥的藝人，就認為他很有毅力。

許多在激烈的競爭中勝利的人，

都是具有強迫傾向的完美主義者，

這些成功人士虐待自己的身體，

達成目標的故事則蔚為美談。

我也曾經通宵工作三天，

把不停下來休息視為勞動的榮耀，

但等到年紀增長，周圍的人開始身體出毛病，

而我也心想，要是繼續下去，我可能會英年早逝。

在《我們的不幸並非理所當然》一書中，

金屢里教授說明韓國社會是自我壓榨的社會，

過去，奴隸的監督官是存在於外部，

現在我們卻將監督官完全內化。

他人造成的壓榨會引起抗拒心態，

但自我壓榨則會造就罪惡感。

許多人會將自己視為資源，選擇自我束縛的人生，

要是不夠壓榨自己，就會深受罪惡感折磨，

最後造就了社會逐漸進步，但即便我們非常努力生活，

要觸及幸福卻越來越難的奇怪現象。

雖然我們社會也存在著各種好處，

但靠著個人壓榨所支撐的社會不可能健全，

超過極限的系統也遲早會崩潰。

超過極限時，短時間內我們可能會表現得超乎常人，

但長期下來，這卻會成為故障的原因。

因此，我們需要的，

是知道自己的極限，找到適合自己的速度。

就像每個人的電池容量都不同般，

我們的體力、充電週期也都各自不同，

而剩餘電量也不是靠和他人比較才知道的。

我們必須敏感地觀察自己身心所發送的訊號，

確保生活中有恢復的時間和方法。

我們必須擺脫不必要的罪惡感，

允許自己感到舒適自在。

我們需要超越成果與效率的層次，

針對持續性和人性化的系統進行討論。

儘管夢想、熱情與成就都很棒，

但最重要的始終是我自己。

你，必須懂得珍惜自己。

奉俊昊導演以《寄生上流》
拿下奧斯卡金像獎四項大獎後，被問到：
「如果你遇見了十三歲時夢想成為電影導演的自己，
想跟他説什麼呢？」

早點睡吧。

身體不好……

化解的技巧

電視劇《浪漫的體質》中，

成為男女朋友的珍珠與範秀第一次起了小口角，

而問題就出在範秀扯到了之前戀愛的記憶，反應過度。

這是現實生活中經常發生的瑣碎口角，

可是，走在前頭的珍珠卻停下腳步，對範秀說：

「還不趕快過來？」

結果範秀很慌張地問：

「我們不是應該這樣演嗎？兩人就這麼疏遠，在今天分手，

然後花一整夜後悔，明天再道歉嗎？」

這時珍珠說了：「過來我身邊。」

接著範秀帶著一臉問號跑向珍珠，

兩人以在任何電視劇都不曾看過的超快速度和好了。

在親密的關係中，吵架必然會發生，

有時，為了說出彼此隱藏的真心，吵架是必需的，

但是，討論誰先犯錯、誰才正確、

追究誰是誰非，造成不必要的傷口時，

當令人厭煩的八股戲碼、徒耗體力的爭辯持續時，

像面對戈耳狄俄斯之結般，直接喀擦剪掉可能才是答案。

反正，假如和好的結論已經成定局，

對方的優點又多過缺點，

而且無論如何，他都是我們愛的人，

那麼我們需要的，就不是迴避衝突或單向的情緒壓迫，

而是能減少傷口的化解技巧。

讓我們懷著「對方比瑣碎的爭辯更珍貴」的心情去說吧——

「你，過來我身邊吧。」

+

假如有一方總是勝利的話，

那即是關係生病的證據。

請吵一場誰都沒有輸的架。

媽媽的基本價值

不久前，我聽了一個邀請居住在韓國的外國人當來賓的 Podcast 節目，

節目中，有人問到：「想到『媽媽』時會不會感到悲傷？」

大家都露出「想到媽媽為什麼要悲傷？」的反應，

還說媽媽在自己的國家過得很好。

怎麼會這樣呢？

當我們升起營火時，

只要提起媽媽的話題，

大家不是都會哭得很傷心嗎？

我們為什麼想到媽媽就會感到悲傷呢？

這是因為講到「媽媽」時，

我們腦中浮現的畫面是「犧牲」、「無條件的愛」，

是生病了也不說自己生病，累的時候也不喊一聲累，

即便看著美味至極的炸醬麵，也要說自己不喜歡吃的偉大媽媽。

超乎一般對子女的愛，為子女「犧牲」的行為究竟是打哪來的？

EBS 頻道《Docuprime：Mother Shock》的製作團隊
要求一百名媽媽以「如果是媽媽……」為開頭試著造句。

當時媽媽們完成的句子是
「如果是媽媽，就應該待在孩子身邊。」
「如果是媽媽，就必須奉獻。」
「如果是媽媽，好吃的東西就必須給子女。」
「如果是媽媽，就算累了也不能表現出來。」
「如果是媽媽，就必須時時忍耐。」
甚至還有「如果是媽媽，就必須放棄自己的人生」這樣的句子。
儘管媽媽們眼中的「當媽媽的條件」近乎踐踏人權，
但大部分參加者都只回答「因為是媽媽」，所以就應當如此。

這不僅會帶來許多問題，
而且當犧牲、給予無條件的愛這種理想形象

成了媽媽的基本價值之後，

首先，媽媽會變得很辛苦。

為了成為好的媽媽，必須完成無窮無盡的任務，

而且要不是因為必須面對各種情報和干涉，

育兒書中的叮嚀也不會這麼多。

「媽媽必須聰明，孩子才能出人頭地」的廣告文案，

也同樣在媽媽的心中植入「孩子可能會因為我而無法成功」的恐懼，

即便已經為了孩子不斷奔波，但媽媽依然必須時時活在自責之中。

那麼，在媽媽的犧牲底下長大的子女過得好嗎？

長大之後，雖然想買車、買房給媽媽，

也想讓媽媽在大學附屬醫院做健康檢查，

但這一切都不容易，所以不孝子只能潸然落淚，

對於非常自然產生的獨立與自主需求，也產生了罪惡感。

認為世界上只有德蕾莎修女般的犧牲型媽媽，

會對雙方造成悲劇，

就連只要是人都可能做的事，

會變成「因為是媽媽所以不能做」，

導致媽媽懷疑自己的母性，

而孩子則認為自己是不幸的主角。

最終，母性的向上平均化，
將我們所有人打造成面對罪惡感與傷口時不堪一擊的存在。
一旦把理想視為正常之後，
除了少數的人之外，大家都會變得很辛苦。

那麼究竟應該怎麼做呢？
首先，我們必須擺脫過度的責任感。
育兒並不只是媽媽一個人的工作。
必須與老公、社會系統分享責任與角色，
從家人、社群、社會制度等獲得積極的協助，
有時也必須相信，孩子自己能做得到。

「女人很脆弱，媽媽卻很強悍。」
這句話對媽媽提出了過多要求。
但媽媽也是人，
媽媽也可能會失誤，也不過是帶著傷口的柔弱人類，
我們必須認同，
有時媽媽仍是一個會在人生的深谷中掙扎的人，

所以就算不完美，卻已經是做到最好了。

不幸的媽媽的奉獻，只會給孩子留下罪惡感。
如果希冀孩子幸福，媽媽也不該成為幸福的例外。
不單是當媽媽的幸福，當妻子的幸福，當朋友的幸福，
當一個人的幸福，都應該去守護。

我們是某人的子女，也是某人的父母，
所以應該一起幸福。

因此，希望你能選擇原諒，
選擇原諒自己的父母，
選擇原諒自己。

旅途中與德國朋友艾莎的對話

我女兒在二十歲時
對我說：
「媽媽能幸福，
真是太棒了。」

媽媽，請為了子女變得幸福吧。

撒下關係的種子

經常會聽到有人為了與老朋友的關係煩惱，

即便是相識許久、最為親暱的朋友，

價值觀或生活方式也會逐漸產生差異，

因此可能會產生過去所沒有的距離感，偶爾也會心生失望。

這算是很常見的煩惱，

不過我所提出的解決之道，

就是試著去結交新的朋友。

英國詩人塞繆爾·約翰遜曾說，如果遲遲不結交新朋友，

很快就會變成孤零零一個人。

儘管應該不至於如此，

但人際關係不會按我們的意志發展，

而會隨著每個人生階段自然變化，

因此友情需要持續維護。

儘管年紀越長，結交朋友也變得越來越難。

原以為彼此變得親近了，卻又輕易地疏遠，

距離也可能始終沒有縮小。

而每一次，我們都會失望地說：

「要交新朋友果然很難。」

但關係的形成本來就不容易。

兒時的朋友們在同一個空間度過每一天，

但其中也僅有極少數會持續累積相處的時光，延續關係。

假如現在因為無法立即在新的關係中，

找到這種經過多年從失敗中學習所建立的友誼，

為此感到失望，

這樣不是很不公平嗎？

我們只要帶著長遠的眼光，

繼續在關係中撒下種子就行了，

那麼很神奇的，時間總會給我們答案。

有些關係會在未發芽的情況下就消失，

有些關係則在「時間」的養分下，

結出深厚友誼的果實。

因此，拋下偏見、對失望的恐懼與倉促，

種下關係的種子吧。

如此就能替我們要守護的關係築起籬笆。

+

延續關係最實在的祕訣，

就是把「找時間碰面」

改成「這禮拜見面吧」。

有人正在等待你的聯絡。

對自己溫柔一點吧

朋友曾在工作時為憂鬱症所苦，

儘管他靠服用憂鬱症的藥物來支撐，

卻因為藥物的副作用而暫時辭掉了工作。

我跟自責的朋友說沒關係，安慰他說這也沒辦法，

結果靜靜聽著的朋友提出了問題：

「這樣自我安慰久了，該不會就被社會淘汰了吧？」

其實任誰看來，朋友都擁有很好的頭銜，

因為已經確保了大好前程，

所以我對於他害怕自己會被「淘汰」感到很訝異。

為什麼連「沒關係」、「這也沒辦法」這麼稀鬆平常的安慰，

他都感到這麼陌生？

這就像是一種迷信，

好比運動選手相信身穿紅衣就能在比賽中獲勝般，

一旦人以不安和自責為動力獲得成就後，

就會相信唯有不安與自責才能獲得成果，

並緊緊抓住不能對自己寬容的信念，

擔心自己會遠遠落後、被徹底淘汰，

然後繼續怪罪自己與自責。

這些人，明明是為了幸福而渴求成就，

卻反過來為了取得成就而放棄了幸福。

可是，對自己寬容真的會被淘汰嗎？

唯有自責才能讓我們取得成就嗎？

過去我也曾經想：

「為什麼我會變成不上不下、笨手笨腳、一事無成的大人呢？」

我做錯了什麼？為什麼我做不好呢？

我一邊煩惱自責，一邊貶低自我，

接著突然有了想替自己辯護的念頭。

每個人都可能會失誤，可能會徬徨，

就算努力了，也可能無法開花結果。

於是我下定決心，至少不要認定自己沒出息、是錯誤的存在。

我不再逼迫自己，而是開始工作、讀書、寫作，

我之所以沒有因為不明確的事情倒下，能夠開創我的人生，

是因為我選擇了寬容，而不是自責。

當然，有些人可能會說沒關係，

就算被慢性的焦慮折磨，

也要選擇成就。

但人生打的是長期戰，

自責只不過是各種動機中的其中一種，

並不是獲得成就的唯一方法，

就算內心長期懷抱著自責，

也必須賦予動機，避免傷害自己，

懂得就算對自己寬容，累的時候稍作休息，

人生也不會因此倒塌。

做著自己想做的事，
或者，做著自己能做的事。

只要你正在做其中一件，
就表示你過得很好。

我們透過安慰與溫柔，

獲得了前進的力量，

也因此，對他人有了等量的寬容。

所以現在，

安慰自己也沒關係，理解自己也沒關係，

你不會因為這樣就變得沒出息，也不會因此就被淘汰。

對長期以來太過辛苦的自己，

對人生中被忽略的自己

現在，溫柔一點也沒關係。

燦爛的黑歷史

Google 演算法所推薦的影片——

《法輪法師的即問即答》曾吸引了我的目光。

一名三十歲的公務員考生向法輪法師提問，

他說小時候父親的事業失敗後，

就要求他必須成為醫生，

並認為兒子是最後的希望，

但畢竟只靠努力是無法當上醫生的，

父親因此大感挫敗，最後因酒精成癮而過世。

對父親的罪惡感折磨著他，

雖然他很認真打拼，結果卻很慘澹。

原本默默聆聽的法師說，他也會和父親一樣走上相同的路，

並問他：「考上公務員的機率高嗎？」

聽到他回答：「如果先想著失敗，當初就不會開始了」，

法師很果斷地說：

「這就會讓你走上和父親相同的路。」

因為人生本來就可能碰上失敗，

但那種想法會導致一個人無法選擇其他人生，

他的父親，也同樣是帶著「事業絕對不會失敗」的念頭，

所以才會如此絕望。

聽到這席話，我受到了小小的衝擊，

不愧是觀世音菩薩的氣場啊。

我們的社會認為不放棄是一種美德，

鼓勵「堅決不放棄」是一種悲壯且強韌的意志。

「非這個不可。」

「連這一步都撐不下去，就更不要提別的了。」

「這雖然不是全部，但如果連這都做不到，就更別想其他事了。」

這些充滿肯定的話語，

認定「放棄」是意志力薄弱，

我們必須隱藏履歷上的空白，

並把徬徨與失敗視為一種羞恥。

但非得如此不可嗎？

《SBS Special》曾經採訪芬蘭的一所高中，

當時孩子們正在進行拿方糖來蓋建築物的計畫，

但由方糖所建造的建物卻持續倒塌。

老師介紹了這項計畫的用意，並藉此教導學生

失敗與重新開始的方法。

這種教育氛圍可以在芬蘭的社會中找到，

而實際上芬蘭也存在著

分享並紀念彼此失敗經驗的「失敗日」。

而各種年齡層的人之所以能透過教育進行全新挑戰，

也是因為他們能夠包容失敗。

當然了，芬蘭並不是一開始就這樣。

隨著宛如銅牆鐵壁的企業 Nokia 瓦解，

芬蘭經歷了經濟危機與大規模失業潮，

但從 Nokia 出來的人成立了無數新創公司，

組成了全新的創業生態。

芬蘭社會從危機中學到的，

不是不失敗的方法，而是面對失敗的方法。

韓國也同樣經歷了幾次經濟危機與大規模失業潮，

卻很遺憾地選擇反其道而行。

我們帶著絕對不會失敗的心態爭得頭破血流，

並且在追求安穩的同時，只做小小的挑戰，迎接小小的失敗。

可是，要是只懷著迫切感，卻沒有替代方案，

人反而容易陷入絕望。

《人類大歷史》[12]的作者哈拉瑞，

曾在與《Book Club Origin》的訪談中說，

沒人知道，世界到了 2040 年會變成什麼樣子，

而我們如今所學的，大部分都會變成無用之物。

生命變得多元化，我們卻無法預測未來，

因此重要的不是不失敗的方法，

而是獲得個人的恢復力，也就是面對失敗的力量。

就像曾經說「被蘋果解僱是人生中最棒一件事」的賈伯斯，

就像在公司面試中落選，卻因此成為作家的我，

就像與某人分享，真正的緣分因此有了立足之地，

---

12 《人類大歷史》（*Sapiens: A Brief History of Humankind*），哈拉瑞（Yuval Noah
　 Harari）著。

就像失敗後才能修正自己的方式，

失敗之中包含了全新的開始，

而放棄並不是在確認自己的極限，

而是擴張人生的可能性。

因此，面對失敗的瞬間時不要絕望，

面對目標、面對職業、面對關係、面對人生的每一瞬間，

任何人都可能會失敗，

而我們必須學習如何失敗。

+

唯有對自身的失敗寬容，

也才能對他人的失敗寬容。

　　試著「認同徬徨」，
人生中，沒有比徬徨的日子更加拚命的瞬間了。

依然活下去的理由

我的人生中曾經碰過非常低潮的日子。

小時候就算碰上問題，大部分都會有盡頭，

但年紀大了才發現，有些問題是無法挽回的。

某天，媽媽對躺在房間裡什麼都不做的我說，

自己年輕時，也有段時間因為心情低落，什麼事都不做。

可是有天照鏡子時卻發現，這樣的自己顯得更沒出息。

媽媽覺得自己不能再這樣下去，

所以後來早早就起床，很認真地刷牙洗臉，

也很勤奮地生活。

這個稱不上特別，也稱不上是完美結局的故事，

我卻三不五時想起。

「要是什麼都不做，就會變得更沒出息。」

我會想著媽媽說的這句話，

然後同樣為了避免變得沒出息，

拿出繼續活下去的力量。

回首過去，

人生實在太累了，

就像站在跑步機上頭，

無論再怎麼努力，也無法擺脫此刻的位置。

只能為了避免掉到地面，

避免變得更沒出息而繼續走著。

假如有人問我，所以現在你變得完美了嗎？

令人惋惜的是，倒也沒有，

但至少我能說的是，

因為我每一刻都很認真生活，所以今天才會存在。

人生需要意義、目的和獎勵，

但碰上找不到任何答案的日子時，

能夠活下來這件事本身，不就是意義、目的和獎勵嗎？

因此，就算偶爾看起來寒酸，

偶爾顯得有氣無力，

就算只是努力避免變得沒出息，

我也希望你能好好活下來。

+

在走了又走之中明白，

在行之又行之中領悟。

──鳳宇權泰勳[13]《丹》

---

13 權泰勳（1900－1994）：韓國的民族運動家、壇君思想家，號「鳳宇」。

不知道自己為什麼出生嗎？
既然都出生了，
就先試著活一下吧。

相處的冷熱拿捏

我在網路上看到介紹某本書的文章。

文章的標題是「當朋友遲到時，就直接回家吧」，

看到這個標題，我開始有點擔憂，

按照標題去做之後，還會剩下多少朋友？

閱讀之後，我發現這篇文章的核心在於

針對「應該怎麼做」這種思考方式提出問題點，

以及不等朋友，直接回家，可能對彼此的關係更好。

但是，「當朋友遲到時，就直接回家吧」這句話省略了太多細節，

它既沒有明確的方針，告訴大家究竟要等朋友遲到多久才回家，

也沒有說明情況，

像是彼此多久才見面，朋友又是從哪個地方過來。

假如朋友大老遠花了兩小時過來，

卻因為朋友遲到十分鐘就掉頭回家，

這是新品種的瘋子才會做的事吧？

對於非常難拒絕他人、對關係手足無措的人來說，

這可能是能令他們放下緊張和責任感的一篇有用文章，

但對於本來就很直率的人來說，則是太過果斷了。

一言以蔽之，就是每個人的情況都不同。

關係之所以難有聖經，原因就在於這裡，

關於每篇文章應該閱讀的對象無法逐一註解，

因此必須各自判斷，現在我需要的是哪些話。

當然，這些都會因時而異，

有人就曾問過我一個問題。

他說自己過去經常因為人際關係而備受壓力，

於是與大家稍微保持距離，做了一個人也能過得很好的練習，

可是現在又覺得很孤單，

不知道應該繼續練習一個人才對，

還是應該接近人群。

你可能會因為自己的三心二意而苦惱，

但我認為這是非常自然的。

就像在調整蓮蓬頭的溫度時，

我們會反覆經歷「再熱一點」和「再冷一點」的過程，

尋找適合自己的適當溫度，

關係的合理線也是這麼調整的。

因此，重要的是了解自己的心，

了解自己是否對此時關係的溫度感到自在。

覺得孤單，就靠近一步；

覺得痛苦，就往後退一步吧。

有人需要冷靜，

有人則需要熱情。

只要你能在冷靜與熱情之間，

找到自己最舒服的關係溫度就行了。

我們把不會太燙，
也不會太冷的溫度
稱之為「溫暖」。

我們不都是芸芸眾生嗎？

一位平常幾乎不談私生活的藝人，

有次在節目上講到結婚當時的故事。

在介紹妻子的場合上，

親戚們卻把離婚後十多年間失聯的父親說得很難聽。

這位藝人覺得自己像是被揭穿了不可告人的祕密，

落下了男兒淚，

這時妻子卻緊緊地握住了他的手。

由於他一直都維持著備受喜愛、毫無污點的成功形象，

所以當時我有些吃驚。

即便是看似沒有任何問題，沒有任何傷口的人，

但在他們娓娓道出痛苦的童年時期、

此時的辛苦心境與受傷的瞬間，

我們就會領悟到，自己對他人有多無知。

有次在演講時聽到有人說：

「真不曉得為什麼只有我這麼辛苦。」

我也曾向來聽演講的聽眾提問：

「你有難以向他人啟齒的傷口嗎？」

記得當時大部分的人都舉起了手。

我們不時會認為，為什麼就只有我這麼辛苦，

為什麼就只有我必須擁抱著傷口生活，

但其實，當不幸的重量越沉重時，人們就越會想要掩藏不幸，

傷口越大，就越會去隱藏它，

所以就看不清楚他人的傷痛。

但後來才發現，每個人的心中都有難言之隱，

也多少都患有心靈疾病，

沒人能從傷痛中獲得自由。

並不是因為我不夠好或沒出息，

所以才受傷，

而是我們每個人，都同樣帶著傷口生活。

因此，讓我們跨越「這種不幸並非我獨有」的慰藉與安心，
對彼此心懷憐憫吧。

其實，大家都和我一樣，很努力穩住自己的心，
其實大家都需要安慰，
這個事實，即是我們必須
對彼此多一點溫柔的原因。

對所有人親切吧，

你遇見的所有人，

也都在迎接屬於他們的辛苦戰鬥。

——柏拉圖

幸福也需要努力

出第一本書時，我曾以為，

出書後，就會有什麼地方變得不太一樣，

以為更幸福一些、更特別一些的人生

會拿著「Welcome」的看板站在那裡。

可是說實在的，人生倒也沒什麼改變，

所以我想，大概是因為不是暢銷書吧。

可是，等到著作受到大家的喜愛，榮登暢銷書排行榜之後，

幸福的程度卻沒有太大變化，

在工作上的成就感，

也沒有減少其他部分所發生的騷亂。

既沒有不幸，但也不覺得幸福，

關於這種情緒的空白狀態，我始終感到訝異。

竟然就連這裡也找不到幸福，難道我這是身在福中不知福嗎？

認真想想，我們總是將目標設定於外在，

要成功、要賺更多錢、要找到好工作、要減肥，

這長期以來的鞭策，都造就了

「實現目標，自然就會變得幸福」的信念，

因此未能實現目標的人，

會因為自己尚未達成該目標而覺得自己不幸，

並相信看似實現目標的人應該會幸福。

可是實際實現目標的人，倒也沒有真的那麼幸福，

於是許多人在其中反而失去了方向。

難道幸福，僅是永遠無法觸及的海市蜃樓嗎？

不是的，是我們從一開始就想錯了。

如同想要賺錢，就應該為了賺錢而付出努力，

想要減肥，就應該為了減肥而付出努力，

想要獲得幸福，就應該為了幸福而付出努力。

是我們沒有為了幸福，付出該有的努力。

那麼，為了幸福，該付出什麼樣的努力呢？

我想找到答案，

想知道人生的意義與目標，想要獲得幸福。

經過長時間的摸索，令人訝異的是，

我找到的答案，是「愛」。

幸福並不是成就帶來的短期滿足感，

也不是人生的目的，

卻是愛造就的結果。

當我自己，還有我珍惜的人與他人相愛時，

幸福是存在的，

但為什麼我們卻懷疑這個熟悉到近乎陳腐的真理，

就連愛自己都感到吃力呢？

《低飛的自尊》的作者尹洪均博士說：

「愛被扣上了莫須有的罪名。」

在「愛」的美名之下，

以「為了我好」、「為了將來」為由，

童年的我們，遭到斥責與控制，

有時還會感到羞恥。

我們經歷了賞罰分明、有條件的愛，

所以我們斥責、控制自己所愛的人與自己，

附加上條件，並以為這就是愛。

我們是徹底誤解了愛，

也沒有學會好好去愛的方法。

就像跟蹤狂最後辯稱，自己折磨與毀掉對方，

都是因為太愛對方的說法無法成立般，

比起愛的重量，更重要的永遠是愛的方式。

想要幸福，我們就必須學習愛的方法，

我們必須不帶任何條件，溫柔地對待、珍惜自己和身邊的人，

給予自己成長的勇氣，照顧身心的健康。

我們必須懂得感謝，專注於現在，並溫柔地對待世界。

真正懂得去愛的人，絕對不可能不幸，

因此，務必帶著愛生活吧。

想知道什麼是愛，
就去抱抱身邊的某個人吧，
那份溫暖，即是愛的實體。

尾聲 # 讓我們帶著愛生活吧

在找關於「關係」的資料時，偶然看到了處理夫妻衝突的節目。

太太喋喋不休地指責先生，

而自尊感因此跌落谷底的先生也同樣指責太太，

兩人的關係似乎看不到出口，

後來進行個人諮商才發現，

太太與先生各自都懷著很深的傷口。

看到他們的樣子後，我不由得感到哀傷，

即便遇見彼此相愛的人，

已經握著一把傷口的這些人

仍會以其他形式重現過往的傷口，

並再次傷害彼此。

而我們又有什麼不同嗎？

我們總會在人生中遇到一個特別的人，

有些人已經遇見了，但也有人至今仍未遇見。

儘管我已經說了許多關於關係的故事，

但其實最想說的故事，是關於他們——

能建立深厚情感，成為你我歇腳處的存在。

儘管我們想追求愛與連結的關係，

但因為太習慣傷害他人，

因此經常輕易地將關係轉為憎恨。

我希望你不會如此，

但願你能學習忍受和平的方法，不對愛習以為常，

並找到能成為彼此歇腳處的存在。

據說即便面對再貧瘠嚴苛的環境，

但只要有一個人願意傾全力支持自己，

就能活出健康的人生。

假如現在你的身邊有這樣的人，

請務必珍惜這段關係。

萬一至今仍未遇見，

那麼希望這本書能帶給你這樣的支持，為你加油。

倘若你有未獲得道歉的傷口，我想代替對方向你道歉，

倘若你有悲傷的事，我也想給你一個擁抱。

尋找平衡即是找到重心，

我想說的是，人的重心是「愛」。

碰到人生與關係搖搖欲墜時，

希望你能再次去愛自己和身邊的這些人。

願你能透過平衡找到自己的安適，

願你不會失去人生最重要的東西——「我自己」與「關係」。

願你能過得幸福，

願你能帶著愛去生活。

不處心積慮，安適自在。

心情就像是完成了長期作業。

偶爾我會碰上完全寫不出文字的日子。

儘管腦中也會萌生「像我這麼沒有才能的人，

也能稱得上是作家嗎？」的疑問，

但碰到這種時候，我就會開始整理參考書籍，

接著就能寫出零星的文章，

持續這彷彿開採金礦的過程之後，最後終於完成了一本書。

我非常開心，很想稱讚為了寫作而辛苦的自己。

幸虧熬過了這段時間，

我才沒有失去自己熱愛的職業。

堅持最終勝利了！耶！

這次的「謝詞」我打算採取新的方式。

當你帶著「謝詞裡面會不會有我的名字呢？」

的想法翻開這一頁時，

叮咚，答對了，
我要感謝的正是你。

感謝爸媽、姊姊、妹妹、姊夫、允兒、允書、
親愛的好友們和人生的前輩們，
以及我們的驕傲——與 BTS 的柾國同名、
讓我有靈感寫這本書的柾國。

準備出書的過程中，出版社非常體諒我。
感謝和我一同完成這本書的責編素妍代理，
值得信賴、展現洞察力的成勳組長，
充滿幹勁地替我設計的鄭民次長，
以及花費心思的 Dasan Books 出版社。

出書的過程中，收到了好多人的支持。

大家親自跑來見我、傳訊息給我，

而留下的評論我也都仔細讀過，偶爾還會儲存起來。

我靠著這份力量完成書，

也多虧於此，我有了想成為更溫暖一些、

更溫柔一些的人的想法。

盼著你能幸福，我寫了這本書，

但願這份心意能傳達到你身上。

謝謝。

帶著愛的金秀顯敬上

大家也要幸福哦～～

参考
資料

書籍

姜美靜，《說話的細節》（暫譯），WisdomHouse，2019

高永建、金振勇，《幸福的品格》（暫譯），韓國經濟新聞，2019

金睿意，《我們的不幸並不理所當然》（暫譯），Hainaim，2020

金容太，《你明明心好累，為何還裝作無所謂？》，采實文化，2020

金亨根，《為什麼覺得自己不夠好？》，TRENDY 文化，2017

文耀翰，《守好你的心理界限，療癒你的內在小孩》，新樂園出版，2019

尹洪均，《低飛的自尊》，商周出版，2017

李仁秀、李武錫，《不為誰的認同》（暫譯），WisdomHouse，2017

鄭秀福，《韓國人的文化文法》（暫譯），思想之樹，2012

鄭惠信，《好好回話，開啟好關係》，采實文化，2020

EBS〈東與西〉製作團隊、金明振，《EBS 紀錄片東與西》（暫譯），知識頻道，2012

EBS〈Mother Shock〉製作團隊，《Mother Shock》（暫譯），中央 Books，2012

片田珠美，《我能原諒你嗎？》（暫譯），接力賽，2018

片田珠美，《向精神暴力說不的方法》（暫譯），LifeMap，2016

大衛・伯恩斯，《關係課程》（暫譯），流動出版，2015

馬可・馮・穆西豪森，《到頭來，問題出在情緒》（暫譯），韓國經濟新聞，2012

馬歇爾・盧森堡，《非暴力溝通》，華夏出版，2018

布芮尼・布朗，《鼓勵羞恥心的社會》（暫譯），Ganapublishing，2019

安藤俊介，《不是生氣就能解決》（暫譯），uknowbooks，2018

亞當・格蘭特，《給予》，平安文化，2013

岡田尊司，《老師，我患了憂鬱症嗎？》（暫譯），BookLife，2018

岡田尊司，《依戀課程》（暫譯），綠林，2017

岡田尊司，《容易受傷不是錯》，悅知文化，2019

安德魯・斯馬特，《大腦的背叛》（暫譯），Mediawill，2014

提摩西・費里斯，《在四十歲以前》（暫譯），Tornado，2018

電視節目

JTBC〈浪漫的體質〉第15集（2019.9.28）

JTBC〈非首腦會談〉第5集（2014.8.14）

KBS〈山茶花開時〉第33集（2020.11.13）

KBS〈菸酒壓力相關尖端報告書：第五篇萬病的根源——壓力〉（1999.2.7）

SBS〈英才發掘團〉第77集（2016.10.19）

SBS〈SBS特輯：閃閃發光的黑歷史〉第468集（2017.4.16）

新聞報導

辛素熙，〈用「擁抱」軟化大吵大鬧的醉漢……網友直呼「感動」〉，韓聯社，
2019. 2. 20，https://www.yna.co.kr/view/AKR20190220047300704?input=1195m

全秉根，〈[MiniBook]人類……失去工作後，尋找人生意義〉，Book Club Origin，
2016.05.05，https://1boon.kakao.com/bookclub/minibook20160505

試讀
感想

徐寶美 假如其他主題類似的書籍是紀錄片,這本書就是情境喜劇。
就像和朋友分享煩惱般,是一本讀來愉快、爽快、痛快的書!

周恩草 這是一本想安慰自己、回顧自己、認為自己是個很不錯的人時,會想
多次取出來閱讀的書。還有比金秀顯更能引起共鳴的作家嗎?

李成民 我想把這本書推薦給許多為關係煩惱的人。
無論是誰,只要讀了這本書,或許就能像我的感受般,活得更輕鬆一
些。

鄭菁熙 即便在關係中,最重要的終究是我自己。
總是竭盡心思的我,一邊閱讀說出我心聲的鼻酸文字,一邊畫線。

李景慧 這是一本讓人頻頻點頭說:「沒錯,就是這樣」的散文集。
感覺就像很輕鬆地與作家聊天。

張書媛 如果你是個會不斷與他人比較,內心曾覺得被剝奪了什麼的人,
願這本書能帶給你健康的安慰。

盧熙東 這本書不只給予溫暖的慰藉,更提供超棒的建言!
假如此時身邊有感到痛苦或需要安慰的人,我想把這本書送給他。

鄭松永 讓我重新檢視自己的人際關係與環境的一本書。
彷彿將自己一生的旅程快速瀏覽了一遍。

朴恩熙　多虧有妙語如珠、令人有共鳴的舉例說明，
　　　　　讓作家想傳達的概念說進了心坎裡。

金令漢　本書輔以多方引用與直率的經驗談，內容專業而有深度，
　　　　　讀來卻很平易近人。它並不是內容淺薄的書，所以更令人喜愛！

李正民　對於過去腦袋知道卻未能躬身實踐的事情，我有了想挑戰的想法。
　　　　　希望大家讀完這本書之後，能迎接以自身存在就能發光的日子！

金志妍　這本書告訴我不必耗費力氣，就能和他人和諧相處的方法。
　　　　　尤其是關係上碰到困難時，閱讀這本書能把紛亂如麻的心整理得有條不紊。

朴賢淑　這本書給了我勇氣，告訴我「做自己也沒關係」。
　　　　　「不夠好也沒關係，被討厭也沒關係，我，就只是我自己！」

金荷娜　這本書讓我靜靜地窺探自己的內心，
　　　　　也讓我領悟，幸福也需要努力。

感謝抽空參與試讀的讀者朋友。

人生顧問 422

不勉強自己，把日子過成喜歡的樣子
애쓰지 않고 편안하게

作　　者—金秀顯
譯　　者—簡郁璇
主　　編—郭香君
編　　輯—李雅蓁
行銷企劃—張瑋之
封面設計—木木 Lin
內頁排版—藍天圖物宣字社
內頁繪圖—金秀顯

編輯總監—蘇清霖
董 事 長—趙政岷
出 版 者—時報文化出版企業股份有限公司
　　　　　108019 台北市和平西路三段 240 號 4 樓
　　　　　發行專線—（02）2306-6842
　　　　　讀者服務專線—0800-231-705、（02）2304-7103
　　　　　讀者服務傳真—（02）2304-6858
　　　　　郵撥— 19344724 時報文化出版公司
　　　　　信箱— 10899 臺北華江橋郵局第 99 信箱
時報悅讀網— http://www.readingtimes.com.tw
綠活線臉書— http://www.facebook.com/readingtimesgreenlife/
法律顧問—理律法律事務所　陳長文律師、李念祖律師
印　　刷—勁達印刷有限公司
初版一刷— 2021 年 6 月 18 日
初版十七刷— 2024 年 6 月 17 日
定　　價—新台幣 450 元

時報文化出版公司成立於一九七五年，並於一九九九年股票上櫃公開發行，
於二〇〇八年脫離中時集團非屬旺中，以「尊重智慧與創意的文化事業」為信念。

不勉強自己，把日子過成喜歡的樣子／金秀顯著；簡郁璇譯. -- 初版. -- 臺
北市：時報文化出版企業股份有限公司，2021.06 | 296面；14.8x20公分.
--（人生顧問；422）| 譯自：애쓰지 않고 편안하게 | ISBN 978-957-13-
9063-5（平裝）| 1.自我實現 2.自我肯定　177.2 | 110008238